GW00726951

HAIGH! IS MISE ROWLEY JEFFERSON.

SEO CUID DE NA LEABHAIR A SCRÍOBH MO CHARA MÓR GREG HEFFLEY SA tSRAITH...

DIALANN DÚRADÁIN

SEA, AGUS ANSIN RINNE TUSA AITHRIS ORM!

DIALANN

Dlúthchara

SCRÍOBH MÉ
NA FOCAIL AGUS
THARRAING MÉ
NA PICTIÚIR LIOM
FÉIN GAN AON
CHÚNAMH
Ó DHUINE FÁSTA!

LEABHAR RÚNDA
Rowley Jefferson

le Jeff Kinney

Futa Fata

An Spidéal

TÁ GO MAITH,
ACH CÉ hÉ
SIN?

Cover design by Jeff Kinney, Lora Grisafi, and Chad W. Beckerman
Book design by Jeff Kinney

Foilsithe den chéad uair i mBéarla in 2019
ag Amulet Books, inphrionta de chuid ABRAMS
Bunteideal Béarla: Diary of an Awesome Friendly Kid: Rowley Jefferson's Journal
(gach ceart ar cosaint i ngach tír ag Harry N. Abrams, Inc.)

Leagan Gaeilge © 2021 Futa Fata
Máirín Nic an Iomaire a rinne an leagan Gaeilge

Anú Design a rinne dearadh ar an leagan Gaeilge

An Chomhairle um Oideachas
Gaeltachta & Gaelscolaíochta

Tá Futa Fata buíoch den Chomhairle um Oideachas
Gaeltachta & Gaelscolaíochta (COGG) as an tacaíocht airgid.

Futa Fata
An Spidéal,
Co. na Gaillimhe
Éire
www.futafata.ie

ISBN: 978-1-910945-63-6

SEO CUID DEN
STUIF LEADRÁNACH
AB ÉIGEAN
A CHUR ISTEACH.

<u>An Chéad Iontráil</u>

Haigh. Is mise Rowley Jefferson agus seo í mo dhialann. Tá súil agam gur thaitin sí leat go dtí seo.

Shocraigh mé dialann a choinneáil mar tá ceann ag mo dhlúthchara Greg Heffley agus is iondúil go ndéanann muid na rudaí céanna.

Anois, seans go bhfuil tú ag iarraidh a fháil amach cé hé an "Greg" seo. Ach ná dearmad gur FÚMSA an leabhar seo agus ní faoi GREG.

Thug mé Dialann Dlúthchara ar an leabhar seo mar bíonn Daid i gcónaí ag rá liom:

Is é Greg an cara is fearr atá agam. Ciallaíonn sé seo gurb é Daid an DARA cara is fearr atá agam. Ach níl sé seo ráite agam leis mar níor mhaith liom é a ghortú.

Ós ag caint ar Dhaid mé, b'fhearr dom a rá anois go mbraithim uaireanta nach dtaitníonn Greg leis mórán. Is é an fáth a gcreidim é sin ná go mbíonn sé i gcónaí ag rá:

NÍ MAITH LIOM GREG.

Ach níl ann ach nach dtuigeann sé an acmhainn grinn atá ag Greg.

Is dócha faoin am seo go bhfuil tú ag rá leat féin "Hé a Rowley, shíl mé gur FÚTSA an leabhar seo." Bhuel, is fíor duit. As seo amach beidh i bhfad níos mó fúmsa ann.

An chéad rud a déarfainn fúm féin ná go bhfuil mé i mo chónaí le mo Mhama agus le mo Dhaid i dteach ag barr Shráid Surrey, an tsráid chéanna le Greg.

Labhair mé cheana féin faoi Dhaid ach tá Mama iontach freisin. Réitíonn sí béilí folláine dom agus tugann sí cúnamh dom mé féin a ní.

Siúlaim ar scoil gach lá le mo chara Greg.
Is iondúil go mbíonn an-spraoi againn
le chéile ach uaireanta déanaim rudaí a
chuireann as dó.

Ach is é an rud is MÓ a chuireann as do
Greg ná nuair a dhéanaim aithris air.
Ní dóigh liom go ndéarfaidh mé tada leis
faoin dialann seo mar chuirfeadh sé
olc air.

Ar aon nós, tá an scríbhneoireacht seo
crua mar obair. Sin sin don lá inniu. Ach
amárach inseoidh mé tuilleadh duit faoi
Greg mar is dlúthchairde muid.

An Dara hIontráil

OK, drochscéala anois agam: fuair Greg amach faoi mo dhialann.

Bhí mé chomh bródúil aisti gur thaispeáin mé dó í. Ach mar a shíl mé, bhí OLC air.

Dúirt Greg go raibh mé tar éis aithris iomlán a dhéanamh air agus go gcuirfeadh sé an dlí orm mar gur ghoid mé an smaoineamh a bhí aigesean. Bhuel, a dúirt mise leis, LEAN ORT. Ach ní tú an CHÉAD duine riamh a choinnigh dialann.

Dúirt Greg ansin gur LEABHAR RÚNDA a bhí ann seachas dialann. Agus bhuail sé san éadan mé le mo leabhar féin.

Dúirt mé le Greg dá mbeadh sé gránna liom nach scríobhfainn rudaí deasa faoi. Thaispeáin mé ansin dó céard a bhí scríofa go dtí sin agam.

Bhí cantal air ar dtús mar ní chuirim srón ar na daoine i mo léaráidí. Ach ansin dúirt sé go raibh SMAOINEAMH aige.

Dúirt sé go mbeadh sé féin saibhir agus cáiliúil lá breá éigin agus go mbeadh gach duine ag iarraidh scéal a bheatha a léamh. D'fhéadfainnse é a SCRÍOBH, deir sé.

B'ábhar dá dhialann FÉIN é sin, dar liomsa, ach dúirt Greg gur ábhar DÍRbheathaisnéise atá ina dhialann féin. D'fhéadfainnse a BHEATHAISNÉIS a scríobh.

Dúirt sé go scríobhfaí GO LEOR LEOR beathaisnéisí faoi féin lá breá éigin ach go raibh sé sásta an seans a thabhairt domsa an chéad cheann a scríobh.

B'iontach an smaoineamh é sin mar tá GACH RUD ar eolas agam faoi mo dhlúthchara Greg.

Tosóidh mé an leabhar seo arís mar sin, agus tabharfaidh mé teideal nua air. Beidh Greg ina phríomhphearsa ach beidh neart fúmsa ann freisin.

DIALANN GREG HEFFLEY

le dlúthchara
Greg Heffley

Rowley Jefferson →

TÚS A SHAOIL

Tosaíonn go leor beathaisnéisí faoi uachtaráin agus faoi dhaoine cáiliúla eile le caibidil dar teideal "Tús a Shaoil". Bhuel, le bheith ionraic, níor casadh Greg ormsa go raibh muid i Rang 4. Níl mórán eolais agam faoi thús a shaoil.

Tá grianghraif de Greg crochta ina theach agus é ina naíonán agus tá an chuma air go raibh sé cosúil le gach páiste eile. Má rinne sé éacht ar bith agus é ina naíonán, níl sé le feiceáil sna grianghraif seo.

Ar aon nós, ar aghaidh linn go dtí an uair a thosaigh muid i Rang 4. Beidh neart mioneolais feasta sa bheathaisnéis seo.

Bhíodh muidne inár gcónaí i stát eile ar fad ach fuair Daid post agus tháinig muid anseo. Cheannaigh mo mhuintir teach nua ag barr Shráid Surrey agus bhog muid isteach le linn an tsamhraidh.

Ní ligfeadh an faitíos dom an teach a fhágáil an chéad chúpla lá mar bhí gach rud chomh nua sin.

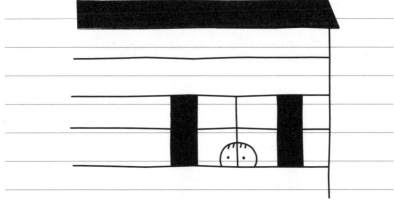

Tuigim gur dócha go bhfuil tú ag iarraidh a fháil amach cén uair a casadh Greg orm? Bhuel, fan bog agus inseoidh mé duit é.

Dúirt Mama liom lá gur cheart dom iarracht a dhéanamh casadh le cairde nua. Cheannaigh sí leabhar dom dar teideal "Conas Cairdeas a Chothú".

Bhí go leor seifteanna sa leabhar seo le cabhrú le mo leithéid, ar nós jócanna "cnag cnag". Ach níor oibrigh siad go rómhaith ar Greg.

Ar an dea-uair, d'éirigh an bheirt againn mór le chéile ina ainneoin seo.

Nuair a d'inis mé do Greg go raibh cónaí orm sa teach nua ar bharr an chnoic, dúirt sé go raibh an mí-ádh orm. Chuir seisean bratach sa talamh ansin sular tógadh an teach, agus ba leis-sean mo theachsa agus gach rud a bhí ann dá bharr.

Ach d'inis Daid dom ina dhiaidh sin nach raibh sé seo fíor. Chuaigh sé chuig teach Greg agus fuair sé mo rothar ar ais.

Ba é sin an chéad uair a d'inis Daid dom céard a shíl sé de Greg.

Ach is BREÁ liomsa é. Cuireann sé ag gáire mé an t-am ar fad - go háirithe agus mé díreach tar éis bolgam bainne a ól.

Agus bíonn sé de shíor ag bualadh bob orm agus ag baint gáire asam lena chleasa áiféiseacha.

Tuigeann tú anois cén fáth ar dlúthchairde mise agus Greg ó bhí muid i Rang 4. Fuair mé slabhra cairdis dúinn ach deir Greg gur do chailíní na rudaí sin agus diúltaíonn sé a leath féin a chaitheamh.

Bhuel, d'fhéadfainn leabhar iomlán a scríobh faoi na rudaí craiceáilte a bhíonn ar bun ag an mbeirt againn ach ós rud é gur faoi Greg anois an leabhar seo, b'fhearr dom rud éigin a rá faoina mhuintir.

Tá Mama agus Daid ag Greg mar atá agamsa. Is daoine lácha iad ach níl mórán le rá fúthu.

Tá deartháir mór ag Greg - Rodrick - agus tá banna ceoil rac aige darb ainm Klujeen Lawn.

Níl cead agamsa a bheith i dteach Greg agus Rodrick ag cleachtadh ceoil mar gheall ar na heascainí i gcuid de na hamhráin.

Tá deartháir eile ag Greg atá níos óige.
Manny is ainm dó. Níl sé ach trí bliana
d'aois. An chéad uair a bhí mé i dteach
Greg, tharraing Manny anuas a bhríste
gan choinne agus nocht sé a thóin dom.

Gach uair a fheicim Manny ó shin, ligeann
sé air go bhfuil rún mór eadrainn agus
airím míchompordach.

Bhuel, sin anois agat an chéad chaibidil de
bheathaisnéis Greg. Agus má tá tú ag rá
leat féin, "A Rowley, cén uair a inseoidh tú
dúinn faoi na heachtraí móra?", fan BOG.

MO CHÉAD OÍCHE
I dTEACH GREG

Tar éis dom bualadh le Greg, bhí cúpla coinne spraoi againn i MO THEACHSA agus cúpla ceann ina THEACH SIÚD. Dála an scéil, ní maith le Greg nuair a deirim "coinne spraoi." B'fhearr dom gan é a úsáid sa dréacht deireanach den leabhar.

Ar aon nós, bhíodh muid "ag crochadh thart" i dtithe a chéile agus ansin lá amháin, d'iarr sé orm fanacht THAR OÍCHE.

Bhí cineál imní orm mar níor chaith mé oíche as baile liom féin riamh roimhe sin. Go deimhin bhí faitíos orm codladh LIOM FÉIN i mo leaba sa bhaile.

Shíl mé go mbeadh iomarca imní orm fanacht le Greg, ach shuaimhnigh mé BEAGÁN nuair a thug Mama Cluasach dom le tabhairt liom.

I dteach Greg, chuaigh muid ag spraoi ina sheomra ar feadh tamaill. Ag 9:00 dúirt Bean Heffley go raibh sé in am dúinn dul a chodladh ... san ÍOSLACH. Bhuel, tháinig AN-IMNÍ GO DEO orm ansin mar scanraíonn íoslaigh mé.

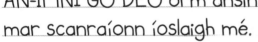

Chomh luath agus a bhí an solas múchta ag Bean Heffley dúirt Greg liom go raibh rud éigin tábhachtach le hinsint aige dom. Dúirt sé go raibh cineál de leathdhuine leathghabhar ina chónaí sa choill lenár dtaobh agus nár cheart dom dul amach liom féin san oíche.

Bhí UAFÁS orm. Is é an trua nár inis aon duine do mo mhuintir faoi seo sular bhog muid anseo.

Bhí OIREAD uafáis orm go ndeachaigh mé i bhfolach faoin bpluid. Sílim go raibh eagla ar Greg féin mar chuaigh sé i bhfolach faoin bpluid IN ÉINEACHT liom.

Díreach ansin, chuala muid an torann aisteach seo taobh amuigh den fhuinneog – díreach an cineál torainn a dhéanfadh leathdhuine leathghabhar.

D'éalaigh mé féin agus Greg amach as an áit go beo, ar fhaitíos go n-íosfadh an leathdhuine leathghabhar muid.

Is beag nár mharaigh muid a chéile, cibé, leis an deifir a bhí orainn ag éalú suas an staighre.

Chuir muid muid féin faoi ghlas sa seomra níocháin. Agus is ansin a thuig muid nach é an leathdhuine leathghabhar a bhí ann chor ar bith ach Rodrick, deartháir Greg, agus é ag bualadh bob orainn.

Bhuel, tá náire orm faoin gcuid seo den scéal ach ós rud é gur beathaisnéis í seo ní fhéadfainn an fhírinne a cheilt. Nuair a chuala muid an torann aisteach sin taobh amuigh, bhí mé chomh scanraithe gur fhliuch mé mé féin.

Thug Bean Heffley brístíní de chuid Greg dom ach bhí siad róbheag. B'éigean do Dhaid teacht le mé a bhailiú i lár na hoíche.

Bhí sé píosa fada sula raibh cead agam an oíche a chaitheamh i dteach Greg arís. Ach is scéal NÍOS FAIDE FÓS é sin - níl a fhios agam an mbeadh áit sa leabhar seo dó.

AN UAIR A THUG MÉ GREG SLÁN
Ó CHÓISIR LÁ BREITHE TEVIN LARKIN

Thug máthair Tevin Larkin, leaid atá ina chónaí ar Shráid Speen, cuireadh domsa agus do Greg chuig a chóisir lá breithe anuraidh. Ní raibh ceachtar againn ag iarraidh dul ann mar tá Tevin an-ghiodamach. Ach dúirt Mama Greg agus mo Mhamasa go RAIBH ORAINN dul ann.

Ródhéanach a thuig muid nár tugadh cuireadh ach don BHEIRT AGAINNE.

Thug muid ár mbronntanais do Tevin agus dúirt a Mhama go raibh sé in am don chóisir.

Ar dtús bhreathnaigh muid ar scannán faoi fhear a bhí in ann béar nó iolar nó ainmhí ar bith eile a dhéanamh de féin

.

Nuair a bhí an scannán thart, bhí Tevin ag iarraidh breathnú air ARÍS. Ach dúirt mise agus Greg le Mama Tevin nach raibh fonn orainne é a fheiceáil den dara huair, agus dúirt sí go bhféadfadh muid cluichí a imirt, mar sin.

Bhuel, chaill Tevin an CIPÍN.

D'éirigh sé corraithe agus thosaigh sé ag ligean air féin go raibh seisean in ann iompú ina ainmhí, mar a rinne an fear sa scannán.

Is cosúil go bhfuil taithí ag máthair Tevin ar an gcineál seo iompair. Ach ní raibh a fhios agamsa ná ag Greg céard a dhéanfadh muid. D'iarr muid uirthi muid a thabhairt abhaile ach dúirt sí nach mbeadh an chóisir thart go ceann dhá uair an chloig.

Chuaigh muid amach an cúldoras agus d'fhan muid sa ghairdín go gciúnódh Tevin.

Ach tháinig Tevin orainn sa deireadh agus
é GLAN AS A MHEABHAIR, shílfeá.

Thóg mé cúpla céim siar le dul amach as
a bhealach ach thit mé isteach i ndíog
mhór ar mo chúl. Ar an dea-uair ní raibh
sí RÓdhomhain nó bheadh cúpla cnámh
briste agam. Ach nuair a sheas mé suas,
chuala mé an crónán i mo thimpeall.

Bhí NEAD FOICHE sa díog agus bhí siad
dúisithe agamsa.

Cuireadh cealg ionam in dhá áit déag, péire acu i mo BHÉAL.

BZZZZZZZ

Thiomáin Bean Larkin abhaile luath ón gcóisir mé. Thug sí Greg abhaile freisin.

Deir Greg fós go bhfuil sé "faoi chomaoin" agam gur thug mé slán ón gcóisir sin é. Tá mise á scríobh seo sa leabhar ar fhaitíos go mbeadh orm é a mheabhrú dó amach anseo.

ÉACHTAÍ GREG

Tá caibidil faoi "Éachtaí" an duine sna
beathaisnéisí ar fad atá léite agam ar scoil,
mar sin b'fhearr dom ceann a chur isteach
anseo sula ndéanfaidh mé dearmad uirthi.

Is é an fhadhb ná nach bhfuil aon éacht
déanta ag Greg fós, mar níl ann ach páiste.
Fágfaidh mé spás anseo dóibh agus líonfaidh
mé isteach iad lá níos faide anonn.

1.
2.
3.
4.
5.
6.
7.
8.
9.
10.

AN UAIR A THÁINIG MISE
AGUS GREG AR SHEANREILIG

Má scanraigh an scéal faoin leathdhuine leathghabhar thú, ná léigh an ceann seo. Tá go maith, má tá tú fós ag léamh, tá foláireamh faighte agat.

Lá amháin bhí mé féin agus Greg ag imirt ninjaí agus lochlannaigh sa choill nuair a thosaigh beirt déagóirí ag cur as dúinn.

ACH NÍ hÉ SIN AN CHUID SCANRÚIL FÓS. Lean ort ag léamh.

D'éalaigh mé féin agus Greg níos faide isteach sa choill le himeacht uathu. Dúirt Greg gur cheart dúinn dún a dhéanamh ionas go mbeadh cosaint againn dá dtiocfaidís inár ndiaidh.

Chaith muid an chuid eile den tráthnóna ag tógáil dúin le maidí agus le píosaí adhmaid.

Dúirt Greg gur cheart dúinn clocha a bhailiú le cur ann ar fhaitíos na TUBAISTE, ach bhí sé ag éirí dorcha faoi seo agus ní raibh mórán clocha móra le feiceáil sa choill.

Díreach ansin, bhain rud éigin tuisle asam.
Céard a bhí ann ach CLOCH mhór.

D'inis mé do Greg go raibh mo rúitín
leonta. Ach bhí i bhfad níos mó imní air
siúd faoin gcloch mhór ná faoi mo rúitín.

Dúirt sé nach gnáthchloch a bhí inti ach
LEAC UAIGHE agus go raibh muid tagtha
ar SHEANREILIG.

Bhí sé sin ráite agat sa teideal, a deir tú. Seans go n-athróidh mé an teideal ar ball ionas nach millfidh mé an scéal ar an léitheoir.

Ar aon nós, bhí muidne SCANRAITHE amach is amach go raibh muid i seanreilig. Go háirithe agus an oíche ag titim agus é ag éirí AN-dorcha faoin tráth seo. Caithfidh go ndearna Greg dearmad go raibh mo rúitín tinn, mar d'imigh sé leis sna cosa in airde.

Bhí mé ag fanacht go bhfillfeadh sé ach níor fhill.

Ar an dea-uair, ghlaoigh mo thuismitheoirí ar Greg le fiafraí cá raibh mé. Chuimhnigh sé ansin go raibh mise fós sa choill.

Agus mar chruthúnas gur cara iontach atá ann, thug sé a thóirse ar iasacht do mo thuismitheoirí agus d'inis dóibh cá dtiocfaidís orm.

SCÉAL NÍOS SCANRÚLA FÓS

OK, ós ag caint ar scéalta scanrúla mé, caithfidh mé insint duit faoi rud a tharla cúpla bliain ó shin.

Bhí mé féin agus Daid i gcábán Dhaideo don deireadh seachtaine agus chuaigh an bheirt againn amach ag siúl. Tháinig mise abhaile brocach. Bhuel, is dócha gur le DAID an cábán anois ó cheart mar bhásaigh Daideo an bhliain roimhe sin.

Thugadh mise "Aideo" air mar ní raibh mé in ann "Daideo" a rá nuair a bhí mé dhá bhliain d'aois.

AIDEO!

Ach nuair a bhí mé níos sine agus mé IN ANN "Daideo" a rá, ní ligfí dom é a rá i gceart. Agus de réir mar a chuaigh Daideo in aois, b'in an t-aon fhocal a deireadh sé.

Ar aon nós, ar ais go dtí an scéal. Ós rud é go raibh mé brocach ón tsiúlóid, dúirt Daid liom cith a thógáil.

Ach tá cábán Aideo an-sean agus níl cith ANN. Níl ann ach seanfholcadán gránna.

Líon mé an folcadán le huisce agus shuigh
mé isteach ann. Is ANSIN a chuala mé
coiscéimeanna ag teacht anuas an halla.
Cheap mé gurbh é Daid a bhí ann agus
tuáille aige dom.

Ansin d'oscail an doras go mall ach NÍ RAIBH DUINE AR BITH ANN!

Léim mé amach as an bhfolcadán agus rith mé ar fud an tí sa tóir ar Dhaid.

Agus má tá tú ag rá leat féin, "Ó muise, a Rowley, ní raibh ann ach do Dhaid ag imirt cleas ort," níorbh EA.

Bhí Daid imithe chuig an siopa le bainne a fháil agus bhí sé leathuair eile sular tháinig sé abhaile.

D'inis mé do Dhaid céard a tharla leis an doras. Dúirt sé nach raibh ann ach "an ghaoth."

Ach tá a fhios agamsa céard a bhí ann: TAIBHSE AIDEO.

AIDEO!

AN UAIR A D'IMIR GREG
CLEAS IONTACH ORM

OK, tuigim nach raibh mórán faoi Greg sa chaibidil roimhe seo ach bhí mé ag iarraidh an scéal faoi Aideo a insint mar scanraigh sé an tANAM asam.

Bhuel, más maith leat rudaí scanrúla, taitneoidh an scéal seo leat.

Lá amháin bhí mé féin agus Greg i mo theachsa agus dúirt sé liom gur chuala sé ar an nuacht go raibh gadaí ag dul thart ag briseadh isteach i dtithe daoine.

Ansin dúirt sé go raibh air dul abhaile le haghaidh dinnéir. Nuair a d'imigh sé, bhuail faitíos mé mar ní raibh mo mhuintir sa bhaile.

Ach fan go gcloise tú. Ní raibh Greg ach ag LIGEAN AIR FÉIN gur imigh sé abhaile. Is ón taobh istigh a dhún sé an doras.

PLAB

Bhain sé de a bhróga agus suas an staighre leis go han-chiúin le nach gcloisfinn é.

Ansin thosaigh sé ag greadadh cos thuas ann agus torann mór aige. Shíl mé ar dtús gurbh é taibhse Aideo a bhí ar ais arís.

Rith sé liom ansin gurbh é an GADAÍ a luaigh Greg a bhí ann. Is beag nár fhliuch mé mé féin den dara huair sa bheathaisnéis seo.

Chuala mé coiscéimeanna ag teacht anuas an staighre. Rith mé isteach sa gharáiste le dul i bhfolach.

Bhí sé DUBH DORCHA sa gharáiste ach ní raibh mise ag dul a chorraí go mbeadh an té seo imithe.

Ansin go tobann, thosaigh doras an gharáiste ag oscailt go mall réidh agus bhí a fhios agam go mbeadh orm rud éigin a dhéanamh nó bhéarfadh an gadaí orm. Rug mé ar raicéad leadóige Dhaid agus bhuail mé an gadaí san éadan leis.

Rith mé amach an doras tosaigh ansin agus isteach béal dorais chuig Bean Monroe agus dúirt mé léi glaoch ar na GARDAÍ.

Is ansin a tháinig Greg amach as mo theach agus thuig mé gur chleas iontach eile dá chuid a bhí sa rud ar fad.

Bhí Greg an-chrosta liom ar feadh coicíse. Dúirt sé gur cheart go mbeadh a fhios agam ó na coiscéimeanna gurbh É FÉIN a bhí ann seachas gadaí.

Is dócha go bhfuil ciall éigin lena chuid cainte mar bíonn sé i gcónaí ag bualadh bob orm. Airím cineál go dona gur bhuail mé san éadan é le raicéad leadóige.

le fírinne ní airíonn

UAIR EILE A BHÍ
GREG CROSTA LIOM

Meabhraíonn sé sin uair eile dom a bhí Greg crosta liom.

Bhí an bheirt againn ag siúl abhaile ón scoil cúpla mí ó shin agus bhí drúchtíní ar fud na háite mar bhí sé ag báisteach an oíche roimhe sin. Rug Greg ar cheann acu agus rith sé i mo dhiaidh leis.

Tá sé seo cineál greannmhar anois ag smaoineamh siar air, ach ní raibh sé greannmhar ag an am.

Tá mé an-tapa ag rith nuair is gá dom
éalú ó dhrúchtíní agus dhreap mé suas ar
charraig i ngairdín an Uasail Yee san áit
nach bhfaigheadh Greg mé.

Bhí Greg ag iarraidh go dtiocfainn anuas.
Ach ní chorróinn.

Rinne Greg iarracht an drúchtín a
chaitheamh liom ach sciorr sé agus is beag
nár thit sé isteach i lochán mór uisce. Bhí
sé i sáinn agus bhí sórt trua agam dó mar
is dlúthchairde muid i ndeireadh an lae.

Tháinig mé anuas den charraig le teacht i gcabhair air. D'iarr sé orm é a tharraingt aniar ar a chosa arís. Is cosúil nár chuala mé i gceart é.

Rug mise AR a chosa agus tharraing mé iad ach níor oibrigh sé sin.

Ní raibh a fhios agam CÉARD a dhéanfadh Greg nuair a d'éireodh sé amach as an lochán sin ach ní raibh fúm fanacht go bhfeicfinn. Rith mé abhaile agus chuir mé glas ar mo sheomra go dtí go ndeachaigh Greg abhaile le haghaidh dinnéir.

An lá dár gcionn, dúirt Greg go mbainfeadh sé díoltas amach "nuair is lú a bheadh súil agam leis." Tá súil agam go ndéanfaidh sé dearmad air, mar is fear mór díoltais é Greg agus tá an-samhlaíocht aige.

AN UAIR A CHRUTHAIGH GREG GRADAM DOMSA GO SPEISIALTA

OK, eachtraí faoi Greg agus é crosta liom a bhí sa dá chaibidil roimhe seo ach A MHALAIRT atá sa cheann seo.

Seo ceann faoin uair a shíl Greg go ndearna mise rud iontach dó agus ansin rinne seisean rud éigin iontach DOMSA.

Satharn amháin an fómhar seo caite bhí Greg le teacht chuig mo theachsa. Ach ní fhéadfadh sé teacht mar bhí an garáiste le glanadh aige. Dúirt sé dá dtiocfainnse chuig an teach le cabhrú leis go mbeadh an obair déanta i LEATH an ama. Dúirt mise "Go raibh maith agat, ach fanfaidh mé anseo."

Ansin dúirt Greg dá gcabhróinn leis go dtabharfadh sé LEATH a chuid milseán ó Oíche Shamhna dom.

Rud mór a bhí ansin domsa mar choinnigh mo thuismitheoirí siar beagnach gach milseán a fuair mé Oíche Shamhna, tar éis dóibh iad a scrúdú.

Ach bhí a fhios agam go mbeadh NEART milseán fós ag Greg mar ní chuireann a thuismitheoirí iallach air TADA a chaitheamh amach. Dúirt mé go mbeinn ann gan mhoill.

D'oibrigh muid go dian ar feadh trí uair an chloig.

Nuair a bhí muid críochnaithe, mhol Greg
go rachadh muid chuig mo theachsa.

"Hé, céard faoi na MILSEÁIN?" arsa mise.
Dúirt Greg go raibh dearmad déanta aige
orthu. Is minic a dhéanann sé dearmad ar
an méid a bhíonn ag dul dom.

Chuaigh muid suas chuig a sheomra agus
thóg sé mála milseán amach as an gcófra.

Ach CLÚDAIGH FHOLMHA is mó a bhí fágtha sa mhála.

Trí cinn de mhilseáin mhóra chrua agus bosca beag rísíní a bhí fágtha. Dúirt mise le Greg go raibh GO LEOR milseán geallta aige dom ach dúirt seisean nach raibh geallta aige ach a LEATH. Margadh is ea margadh a dúirt sé agus shín sé milseán mór crua chugam agus an bosca rísíní.

Dúirt mé le Greg go n-inseoinn dá MHAMA air. Bhuail imní ansin é mar bheadh a Mhama crosta dá bhfaigheadh sí amach go raibh na milseáin sin ar fad ite aige cheana féin.

Dúirt Greg go raibh rud éigin aige dom, rud a bhí i bhFAD níos fearr ná milseáin. Thóg sé amach píosa páipéir agus peann luaidhe, shuigh síos ag an deasc agus thosaigh ag tarraingt.

Nuair a bhí sé críochnaithe, shín sé chugam an píosa páipéir. Seo a bhí scríofa air:

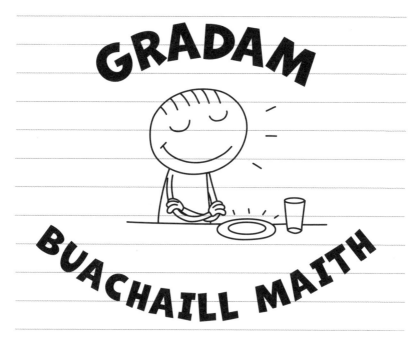

GRADAM

BUACHAILL MAITH

Ní raibh na gradaim seo FAIRSING, a dúirt Greg. Bhí ort rud éigin IONTACH a dhéanamh le ceann a fháil.

Dúirt sé go raibh an tÁDH DEARG orm mar gurbh é seo an chéad ghradam dá shórt a bhronn seisean riamh agus go mbeadh sé fíorluachmhar amach anseo.

Thuig mé nach raibh Greg ach ag iarraidh na milseáin a choinneáil uaim. Rinne mé iarracht mugadh magadh a dhéanamh den ghradam. Ach ar chaoi éigin thuig Greg gur shíl mé gur RUD IONTACH a bhí ann.

Fuair mé NEART eile de na gradaim sin sna sneachtainí ina dhiaidh sin. Gach uair a dhéanainn rud éigin iontach do Greg, bhronnadh sé ceann orm.

Ní raibh sé i bhfad go raibh FLÚIRSE gradam agam. Choinnigh mé slán sábháilte i bhfillteán iad.

Rith sé liom ansin go mb'fhéidir GO RAIBH na gradaim seo fairsing anois ós rud é go raibh an oiread sin agam féin. Agus mar bharr ar an donas, ní raibh Greg ag cur leath an oiread dua air féin á ndéanamh níos mó agus ní raibh cuma speisialta orthu a thuilleadh.

Ghlaoigh Greg orm lá amháin ag iarraidh orm teacht chuig a theach le cabhrú leis na duilleoga a rácáil. Dúirt mé nach bhféadfainn mar go raibh obair bhaile agam.

Dúirt Greg gur mhór an trua é sin mar go raibh gradam úrnua déanta aige agus go raibh aiféala air nach ormsa a bhronnfaí é.

D'iarr mé air CUR SÍOS a dhéanamh dom ar an ngradam nua seo ach dúirt sé nach bhFÉADFADH sé mar go raibh sé faoi rún - rún nach bhféadfaí a scaoileadh.

Dúirt sé ansin go nglaofadh sé ar Scotty Douglas féachaint an mbeadh seisean ar fáil. OK, tá mé ar an mbealach, arsa mise.

Bhuel, is é an trua nár luaigh sé go raibh an cúlghairdín AGUS an gairdín tosaigh le rácáil. Bhí go leor oibre ann. Agus bhí mé LIOM FÉIN mar bhí Greg ag obair ar an ngradam nua seo.

Nuair a bhí sé ar fad déanta bhronn Greg mo ghradam orm. Le fírinne, bhí sé níos fearr FÓS ná mar a shamhlaigh mé.

SÁRGHRADAM "Buachaill Maith" a bhí ann. Dúirt Greg gurbh fhiú CAOGA gnáthghradam an sárghradam agus thuig mé láithreach cén fáth.

Sna seachtainí ina dhiaidh sin bronnadh SLÁM sárghradaim "Buachaill Maith" orm. Ach tar éis tamaill ní raibh cuma speisialta ORTHU SIN níos mó.

Agus bhí mé ag caitheamh go leor ama ag déanamh rudaí do Greg agus ag déanamh faillí i mo chuid jabanna FÉIN.

Ach gach uair a dúirt mé le Greg nach raibh aon ghradam eile uaim, smaoiníodh sé ar cheann iomlán nua nach bhféadfainn DIÚLTÚ dó.

Tar éis tamaill bhí an oiread sin gradam agam go raibh an fillteán ar tí PLÉASCADH. Dúirt mé le Greg nach raibh aon cheann eile uaim, ba CHUMA céard a tharlódh.

Dúirt Greg go raibh sin OK mar go raibh córas úrnua anois aige. D'fhéadfainn na seanghradaim sin a athchúrsáil.

Bhí mise spréachta! D'oibrigh mé go CRUA ar a son agus anois bhí Greg ag rá nárbh fhiú BIORÁN iad.

Ach bhí mé fiosrach faoin gcóras nua seo. "Féiríní beaga" an t-ainm a thug Greg air agus dúirt sé gur chóras é a bheadh bunaithe ar PHOINTÍ. Ní bheadh páipéar ar bith i gceist.

Gheobhainn pointe amháin ar gach rud DEAS a dhéanfainn dó agus nuair a bheadh caoga pointe agam bheadh Duais Iontach le bronnadh orm.

OK, arsa mise. Cén saghas duaise í? Ní fhéadfadh Greg a rá liom ach dúirt sé go raibh sí faoi bhraillín ina sheomra codlata.

Ní raibh barúil agam céard a bhí faoin mbraillín ach bhí mé ag CEAPADH gur rud IONTACH a bhí ann.

Chaith mé beagnach mí ag déanamh rudaí
go leor do Greg agus bhronn sé pointe
"Féirín Beag" orm gach uair mar a gheall sé.

Faoi dheireadh bhí caoga pointe tuillte
agam. Dúirt mé le Greg go raibh sé in am
anois an Duais Iontach a thabhairt dom.

Ach dúirt Greg, ós rud é gurbh é an chéad
lá den mhí a bhí ann, go raibh mo chuid
pointí ar fad anois ar NEAMHNÍ. Ach, arsa
mise, ní dúirt tú tada faoi sin roimhe seo.
NÍOR CHUIR TÚ AN CHEIST, arsa Greg.

Bhí mé LE CEANGAL. Rug mé ar an
mbraillín agus tharraing mé liom í go
bhfeicfinn an Duais Iontach.

Tomhais céard a bhí ann? Ciseán lán ÉADAÍ SALACHA.

Dúirt mé le Greg gur shuarach an mhaise dó an obair sin ar fad a bhaint asam agus duais bhréige geallta aige dom. Ach dúirt seisean gur THÁSTÁIL a bhí sa chiseán éadaí salacha, féachaint an mbreathnóinn gan chead air, agus gur theip orm sa tástáil.

Dúirt sé go raibh an duais CHEART faoi ghlas san íoslach ach go mbeadh orm CÉAD pointe "Féirín Beag" a shaothrú lena fáil.

Déarfaidh mé an méid seo: ní AMADÁN mé. Tógfaidh mise mo chuid AMA ag saothrú na bpointí sin agus má cheapann Greg go bhfuil deifir ormsa an Duais Iontach sin a fháil, tá dul amú air.

AN UAIR A FUAIR MÉ AMACH NACH FÉIDIR A BHEITH AG STAIDÉAR LE GREG

OK, tuigim gurb í seo beathaisnéis oifigiúil Greg agus níl mé ag iarraidh tada diúltach faoi a rá inti. Ach, a Greg, má tá tú á léamh seo caithfidh mé a rá NACH FÉIDIR a bheith ag staidéar leat. Tá súil agam nach bhfuil tú gortaithe ach caithfidh mé an fhírinne a insint.

Go hiondúil ní gá domsa mórán staidéir a dhéanamh roimh scrúdú mar tugaim aird ar an múinteoir agus déanaim mo chuid obair bhaile. Téim a chodladh breá luath gach oíche scoile mar deir Mama go bhfuil sé an-tábhachtach oíche mhaith chodlata a fháil.

65

Ach bhí seachtain amháin ann a raibh caibidil dheacair againn sa mhata agus ní raibh mé in ann aird cheart a thabhairt ar an múinteoir agus Greg ina shuí díreach taobh thiar díom.

Thuig mé go mbeadh orm dul siar ar an gcaibidil seo sa bhaile an oíche roimh an scrúdú agus roinnt fadhbanna mata a chleachtadh. Ach nuair a d'inis mé seo do Greg dúirt sé gur cheart dúinn dul ag staidéar LE CHÉILE.

Ní raibh mé róthógtha leis seo mar phlean mar níl Greg go maith ag díriú ar obair scoile.

Ach dúirt Greg gur dhlúthchairde muid agus gur cheart dúinn a bheith ag staidéar le chéile. Thuig mé dó.

Ba é an CHÉAD rud a bhí le déanamh ná áit a fháil le dul ag staidéar. Ní fhéadfadh muid dul chuig teach Greg mar bhí banna ceoil Rodrick ag cleachtadh ann.

Agus ní raibh fáilte i mo theachsa roimh Greg ó d'imir sé an cleas sin ina gcuireann tú scannán cumhdaithe ar bhabhla an leithris. Rug sé go maith ar mo Dhaid.

Dúirt Greg gur cheart dúinn dul chuig an LEABHARLANN mar go mbeadh sé deas ciúin ansin. Thug Bean Heffley síob dúinn ann tar éis an dinnéir. Fuair muid deasc agus chuaigh muid i mbun oibre.

Mhol mise go dtriailfeadh muid cuid de na fadhbanna mata, féachaint cé na rudaí nár thuig muid. Ach dúirt Greg nach raibh an chaibidil fiú LÉITE aige agus go dteastódh uaidh dul siar go dtí an TÚS.

Cur amú ama a bhí ansin domsa agus dúirt mé le Greg go bhféadfadh seisean an chaibidil a léamh ón tús LEIS FÉIN. Ach dúirt Greg nár pháirtí maith staidéir mé agus gur cheart dúinn a bheith ag obair LE CHÉILE.

OK, arsa mise. Tosóidh muid ón tús agus
rachaidh muid tríd go léir. Ach dúirt Greg
gur cheart dúinn ár gcuid sosanna staidéir
a phleanáil sula dtosódh muid ionas nach
mbeadh muid faoin iomarca brú.

Dúirt sé ansin gur cheart dúinn TOSÚ
le sos agus go mbeadh tús maith déanta
againn. Sin a rinne muid, cé nach raibh mise
róthógtha leis mar phlean.

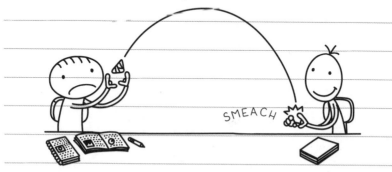

SMEACH

Tar éis deich nóiméad nó mar sin dúirt
mise go raibh sé in am dul i mbun oibre mar
gur chaibidil fhada a bhí inti.

Ná fiafraigh díom cén fáth ach d'fháisc
Greg a shrón lena mhéara agus rinne sé
aithris ar mo chuid cainte go magúil.

Dúirt mé le Greg éirí as ach a mhalairt
iomlán a rinne sé agus LEAN sé ar aghaidh
ag déanamh aithrise orm.

Smaoinigh mé ar sheift ansin agus thosaigh mé ag léamh amach os ard.

Tar éis tamaill thuig Greg céard a bhí ar bun agam agus d'éirigh sé as.

Dúirt mé leis go mb'fhéidir gur cheart dúinn an chaibidil a léamh go ciúin linn féin ach dúirt seisean gur theastaigh bealach SPRAÍÚIL uaidh le rudaí a fhoghlaim ionas go gcuimhneodh sé orthu.

"Céard atá i gceist agat?" arsa mise. Ansin dúirt Greg go raibh CLUICHE aige a chabhródh linn mata a fhoghlaim.

Rinne sé burla páipéir as leathanach óna
chóipleabhar agus dúirt gur cheart dúinn
cuid de na focail ón leabhar a léamh os ard,
ar ár seal, agus an páipéar á chaitheamh
againn chuig a chéile. Bhain muid triail as
agus d'oibrigh sé ar feadh tamaillín.

Ach uair ar bith a lig duine againn don
liathróid TITIM, dúirt Greg go gcaithfí dul
siar ARÍS go barr an leathanaigh.

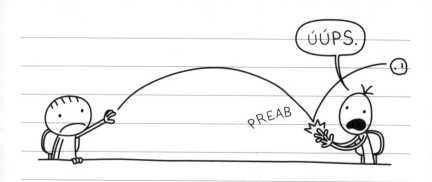

Agus sílim vaireanta nach raibh Greg AG IARRAIDH go mbéarfainn ar an liathróid.

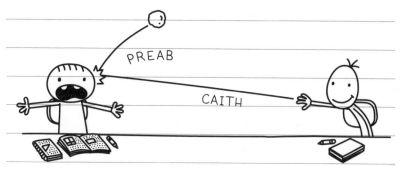

Dúirt mé le Greg go raibh muid ag cur amú ama agus go gcaithfeadh muid teacht ar bhealach éigin eile. Ba chuma le Greg CÉN CHAOI a ndéanfadh muid an staidéar chomh fada agus a bheadh SPRAOI againn.

D'inis mé dó faoin gCLEAS a mhúin mo Dhaid dom: AMHRÁN BEAG a chumadh le cabhrú liom cuimhneamh ar rudaí.

Chas mé dó an t-amhrán a chum mé le cabhrú liom cuimhneamh conas achar ciorcail a thomhas.

FADÓ FADÓ ...

BHÍ OCHT gCOINÍN ANN ...

AGUS PHREAB SIAD SUAS AN CNOC ...

SCIORR TRÍ CINN LE FÁNA ...

'GUS THÁINIG NÉAL AR CHEITHRE CINN EILE ...

'GUS SHROICH AN COINÍN DEIREANACH MULLACH AN CHNOIC AGUS DÚIRT ...

IS IONANN πr^2! AGUS ACHAR CIORCAIL!

Dúirt Greg gurbh é sin an rud ba sheafóidí a chuala sé riamh. Bhuel, arsa mise, más fíor sin, cén fáth a bhfuil 95 agamsa sa mhata agus gan agatsa ach 72?

In áit freagra a thabhairt orm dúirt Greg go raibh sé in am sos eile a thógáil. D'imir muid físchluichí ar ríomhairí na leabharlainne go dtí go ndearna duine éigin gearán fúinn leis an leabharlannaí mar gheall ar an torann.

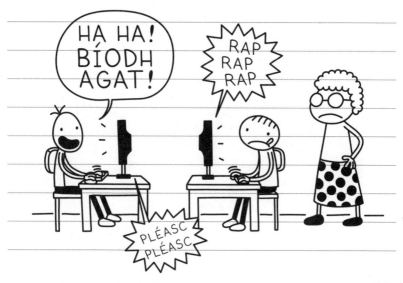

Nuair a tháinig muid ar ais chuig an deasc dúirt Greg nach raibh muid ag tabhairt faoin staidéar i gceart. Bhí bealach níos FEARR aigesean. Dúirt sé dá léifeadh seisean an CHÉAD leath den chaibidil agus dá léifinnse an DARA leath go bhféadfadh muid a bheith ag obair as lámha a chéile sa scrúdú.

Mheabhraigh mise dó nach mbeadh cead CAINTE sa scrúdú. D'inis Greg ansin dom faoi na manaigh seo atá in ann a gcuid smaointe a chur in iúl dá chéile gan labhairt, ach a n-intinn a dhíriú air.

Bhain muid triail as seo ach níor éirigh go rómhaith liom.

Dúirt Greg go mbeadh bealach cumarsáide éigin EILE uainn sa scrúdú.

Dúirt mise nach dTEASTÓDH bealach cumarsáide ar bith uainn dá ndéanfadh muid an staidéar. Ach nuair a chuireann Greg rud ina cheann, is deacair é a bhogadh.

Chum sé córas casta a bhí bunaithe ar chasachtaí agus ar shraothanna ionas go bhféadfadh muid a chéile a thuiscint le linn an scrúdaithe i ngan fhios d'Iníon Beck. Ach bhí an córas seo casta agus b'éigean dom é a scríobh síos.

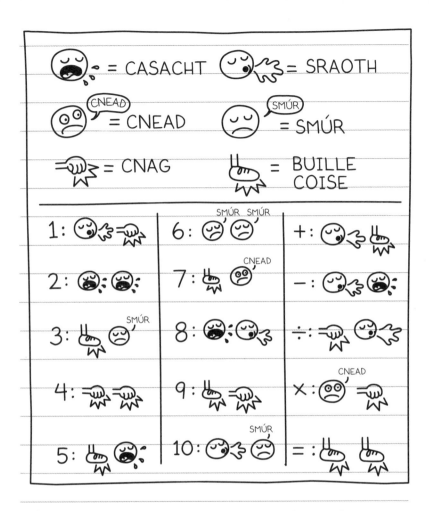

D'fhiafraigh mé de Greg céard ba cheart a dhéanamh dá mbeadh CEIST againn. "Comhartha ceiste a úsáid," arsa Greg, ach dúirt mise nach raibh fuaim socraithe againn le haghaidh comhartha ceiste. Dúirt sé go bhféadfainn broim a ligean.

Níor shíl mé go bhféadfainn broim a ligean MURA mbeadh ceann agam. Thriail mé é ach níor tharla tada.

D'inis Greg ansin dom go raibh rudaí a d'fhéadfainn a ithe don bhricfeasta a chabhródh liom fuaim an chomhartha ceiste a dhéanamh.

Ní raibh mórán fonn orm é sin a dhéanamh mar an uair dheireanach a bhí mé i dteach Greg d'ól muid go leor cóic agus muid ag iarraidh an aibítir a rá de bhrúchtanna. Tháinig múisc ormsa ag an litir "B".

Dúirt Greg OK, mura bhféadfainn broim CEART a ligean go bhféadfainn fuaim bhroma a dhéanamh faoi m'ascaill.

Dúirt mé le Greg ansin nár smaoineamh maith é seo in aon chor. Is ag SÉITÉIREACHT a bheadh muid dá mbeadh cumarsáid á déanamh againn sa scrúdú.

Dúirt Greg gur mé peata an mhúinteora agus go raibh mé ag iarraidh marc maith a fháil sa scrúdú mar go raibh mé i ngrá le hIníon Beck.

Dúirt mé leis NACH raibh mé i ngrá léi ach gur thaitin sí liom mar dhuine agus go raibh boladh deas uaithi.

Dúirt Greg gur CHRUTHAIGH sé sin go raibh mé i ngrá léi agus thosaigh sé ag casadh an amhráin sin faoi na póigíní.

Bhí a fhios agam go raibh Greg ag iarraidh olc a chur orm ach ar chúis éigin níor chuir an t-amhrán as dom mórán.

Is cosúil go raibh olc ar Greg nach raibh olc ORMSA agus thosaigh sé ar amhrán EILE.

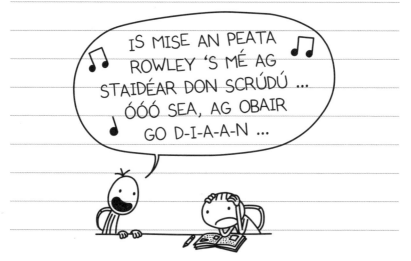

Rinne mé iarracht gan éisteacht leis ach bhí a ghlór ag ardú agus ag ardú.

Chuaigh mé isteach sa LEITHREAS ansin le dul ag staidéar ach lean Greg mé.

Ach is cosúil go raibh duine éigin eile ag
gearán fúinn mar tháinig an leabharlannaí
isteach agus chuir sí an ruaig as an
leithreas orainn.

Dúirt sí dá mbeadh oiread agus smid eile
asainn go mbeadh orainn glaoch ar ár
dtuismitheoirí le muid a thabhairt abhaile.
Bhí mise BREÁ sásta leis sin ach sílim nach
raibh Greg réidh le dul abhaile fós. Gheall
muid di go mbeadh muid ciúin.

Ní raibh fonn orm a bheith ag breathnú ar
Greg níos mó. Shuigh mé ag deasc a raibh
roinnteoir uirthi ach shuigh Greg díreach
os mo chomhair.

Bhí ag éirí liom obair éigin a dhéanamh go dtí gur bhrúigh Greg nóta isteach faoin roinnteoir.

Bhí ceist faoin mata aige. D'fhreagair mé í agus chuir mé an nóta ar ais.

Hé a Rowley
Cé mhéad céim
i gceathairshleasán?
        - Greg

360 céim
    - R

Ansin chuir Greg ceist EILE chugam. Ba chuma liom. Bhí sé seo MÍLE UAIR níos fearr ná an chaoi a raibh rudaí go dtí seo.

Ach ansin chuir Greg nóta ar ais nach raibh baint AR BITH aige leis an mata.

Cuir x sa bhosca cuí.
D'fhliuch mé an leaba aréir
agus tá náire orm.

☐ FÍOR
☐ BRÉAGACH

Roghnaigh mé an dara bosca mar NÍOR FHLIUCH mé an leaba. Chuir mé an nóta ar ais chuig Greg ach ansin scríobh seisean rud éigin eile agus sheol AR AIS é.

☐ FÍOR
☒ BRÉAGACH

Ha ha ha níl náire ort
gur fhliuch tú
an leaba.

Chuir sé cineál oilc orm mar níorbh é sin a bhí i gCEIST agam. Ach ní raibh fonn orm am a chur amú do mo mhíniú féin mar bhí mé ag iarraidh dul ar ais ag staidéar.

Chuir Greg nóta EILE chugam.

Fírinne nó Dúshlán?

☐ FÍRINNE ☐ DÚSHLÁN

Ní raibh aon fhonn orm tabhairt faoi dhúshlán ó Greg agus roghnaigh mé FÍRINNE. Ach níor thaitin an cheist a bhí ag Greg liom.

☒ FÍRINNE ☐ DÚSHLÁN

An bhfuil tú i ngrá le hIníon Beck?

OK, glacaim le Dúshlán.

An dúshlán a bhí ann ná deoch a fháil do Greg ón meaisín díola. Níor thuig mé fiú gurbh é sin an chaoi ar OIBRIGH an cluiche seo ach bhí mé buíoch nach mbeadh orm an cheist sin a fhreagairt.

Nuair a bhí an deoch faighte agam do Greg, rinne mé beagán eile oibre ach ansin thosaigh na nótaí ag teacht arís uaidh.

Hé a Rowley

SEO TUSA!

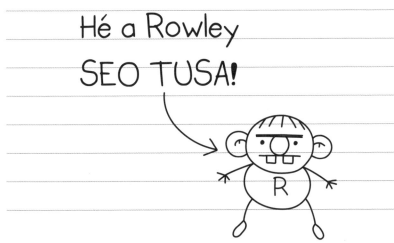

Bhuel, ní raibh mé sásta LEIS SIN. Sheol mé pictiúr de mo chuid FÉIN ar ais.

Tharraing Greg pictiúr eile DÍOMSA ansin agus tharraing mise ceann eile DE SIÚD.

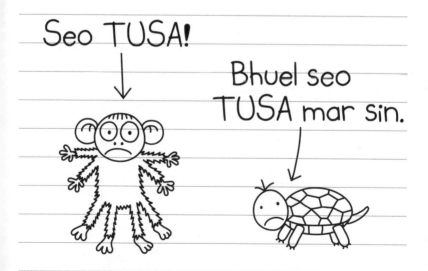

Ní fada go raibh dhá LEATHANACH iomlána líonta le léaráidí againn.

Thosaigh Greg ar leathanach EILE de léaráidí ach níor thug mise aon aird air. Is cosúil nár thaitin sé seo leis mar choinnigh sé air ag pleidhcíocht, ag iarraidh aird a tharraingt air féin.

Shocraigh mé bogadh chuig áit nua níos faide ó Greg. Bhí faoiseamh breá agam ar feadh tamaill ach níor mhair sé i bhfad.

Céard as ar tháinig an "PLAB" sin, a deir
tú? Fan go gcloise tú. Nuair a bhog mise
chuig suíochán nua, shuigh fear éigin i m'áit.
Cheap Greg gur MISE a bhí fós ann agus
cheangail sé barriallacha an fhir seo le
chéile.

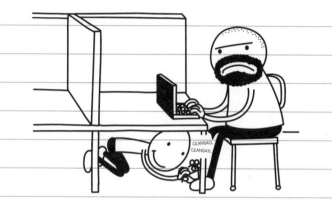

Nuair a sheas an fear bocht suas, thit sé i
ndiaidh a chúil.

Thug Greg na cosa leis go beo agus ní raibh MISE i bhfad ina dhiaidh. Ní raibh mé ag iarraidh go gceapfadh an fear bocht sin gur mise a cheangail a chuid barriallacha le chéile.

Lean mé Greg go dtí rannóg na bpáistí. Bhí bord folamh ansin. Leag Greg a chuid stuif ar thaobh amháin den bhord agus shuigh mise ag an taobh eile, i bhfad uaidh.

Dúirt Greg gur cheart dúinn sos eile a thógáil ach dúirt mise go raibh mé ag dul leanúint orm ag obair. Rinne Greg burla páipéir de leathanach cóipleabhair agus rinne sé iarracht é a chaitheamh isteach sa bhosca bruscair taobh thall den seomra.

Níor éirigh leis ach choinnigh sé air ag caitheamh burlaí páipéir tharam agus bhí sé an-deacair díriú ar mo chuid oibre.

D'éirigh leis sa deireadh agus chuir sé geall ansin liom nach bhféadfainnse an cleas céanna a dhéanamh. Nuair a lean mé orm ag staidéar dúirt sé go raibh faitíos orm é a thriail agus chuir sé gothaí SICÍN air féin.

Níor thug mé aon aird air ach ní raibh sé sin ÉASCA, go háirithe nuair a chuaigh sé suas ar an mbord.

Go tobann, shuigh Greg síos ar an mbord agus thosaigh sé ag gnúsachtach. Shíl mé ar dtús go raibh sé ag iarraidh dul chuig an leithreas. Ach nuair a d'éirigh sé, bhí UBH ann.

Bhuel, is cinnte nach raibh mé ag iarraidh go mbéarfadh sé ubh eile. Rinne mé féin burla páipéir agus chaith mé sa bhosca bruscair é. Ní raibh mé fiú ag breathnú ach is cosúil go ndeachaigh sé ISTEACH.

Dúirt Greg go raibh an tÁDH DEARG orm agus nach raibh BEALACH ar bith go mbeinn in ann é a dhéanamh arís. Ní raibh fonn orm é a thriail.

Dúirt Greg NACH BHFÉADFAINN éirí as ach dúirt mise GO BHFÉADFAINN. Uaidh féin a tháinig an smaoineamh.

Ag cóisir a bhí agam uair, chuaigh muid ag babhláil agus leag Greg na scidilí ar fad ar an gcéad iarracht. D'fhógair sé ansin go raibh sé ag éirí as agus mhill sé an cluiche ar an gcuid eile againn.

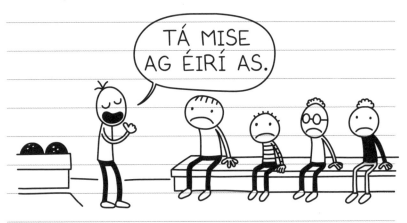

Nuair nach raibh ag éirí le Greg m'intinn a ATHRÚ, rinne sé féin iarracht burla páipéir a chaitheamh sa bhosca bruscair agus a dhroim leis. Níor tháinig sé i bhfoisceacht scread asail de. Ach bhí ag éirí liomsa obair éigin a dhéanamh anois, ar a laghad.

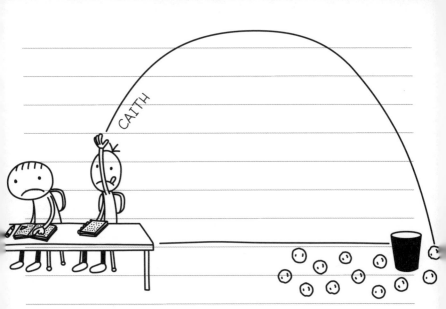

Rinne mé bréagscrúdú agus bhí mé ar tí dul
siar ar mo nótaí ranga nuair a thuig mé
gur as mo CHÓIPLEABHARSA a bhí Greg
ag fáil an pháipéir ar fad.

Bhí mé le ceangal mar bhí sé ráite ag Iníon
Beck go mbeadh cead againn breathnú ar
ár nótaí sa SCRÚDÚ.

Síos liom ar an urlár go mbaileoinn le chéile mo chuid nótaí bochta a raibh burlaí páipéir déanta díobh. Shíl mé go bhféadfainn na leathanaigh a dhíriú amach arís sa bhaile agus iad a ghreamú ar ais i mo chóipleabhar.

Ach lean Greg air á gCAITHEAMH agus chuaigh ceann isteach sa bhosca bruscair tar éis dó preabadh ar mo CHLOIGEANN.

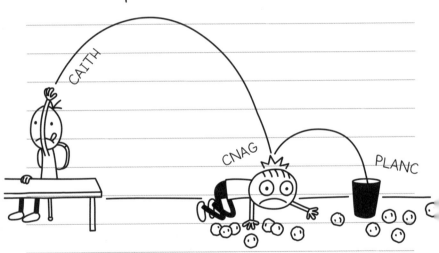

Ba é sin buille maraithe na muice. Rug mé ar an ubh agus rith mé i ndiaidh Greg.

Ach ba léir go raibh an iomarca torainn againn mar ní raibh an leabharlannaí sásta.

Dúirt sí liom glaoch ar mo thuismitheoirí le muid a thabhairt abhaile. Bhí sé sin go breá LIOMSA.

Chaith mé dhá uair an chloig ag díriú mo chuid nótaí agus á ngreamú ar ais i mo chóipleabhar. Chaith mé leathuair EILE i mbun taighde ar ríomhaire Dhaid.

AN UAIR A RINNE MÉ AN BOTÚN IS MÓ I MO SHAOL

OK, seo an dara cuid den chaibidil roimhe seo. Bhí mé chomh crosta agus mé á scríobh go raibh orm sos a ghlacadh. Tarraingeoidh mé cúpla anáil mhór anois mar beidh an chaibidil seo NÍOS DEACRA fós.

An lá dár gcionn rinne mé iarracht mo chuid nótaí a úsáid sa scrúdú ach ní raibh ord ná eagar orthu.

Agus bhí sé deacair díriú ar an scrúdú mar bhí Greg do mo chrá le ceisteanna.

Is cosúil go raibh cuid de na páistí EILE faoi bhrú freisin. Tháinig meadhrán ina cheann ar Timothy Lautner agus b'éigean d'Iníon Beck é a thabhairt chuig an altra.

Chomh luath is a bhí sí imithe as an seomra bhog Greg a chathaoir suas in aice liom agus bhreathnaigh sé thar mo ghualainn.

GLUAIS
GLUAIS

I nglór íseal, dúirt mé leis imeacht mar go raibh sé ag SÉITÉIREACHT. Ach dúirt Greg nach raibh mar gur pháirtithe staidéir muid agus go raibh an t-eolas ceannann céanna inár n-intinn againn.

Is dócha go raibh fírinne éigin sa mhéid sin ach d'airigh mé GO DONA faoi.

Dúirt Greg ansin go raibh an scrúdú CRÍOCHNAITHE aigesean agus nach raibh sé ach ag cinntiú go raibh na freagraí cearta agam. Bhuail lagmhisneach ansin mé mar bhí cúpla ceist nach raibh mé cinnte fúthu.

Thug mé cead do Greg breathnú ar mo pháipéar ach dá mbeadh breith ar m'aiféala agam NÍ DHÉANFAINN amhlaidh.

Ní raibh sé i bhfad gur rith sé liom nach ag seiceáil mo chuid freagraí a bhí Greg ach á gCÓIPEÁIL.

Agus bhí sé RÓDHÉANACH é a stopadh.
B'éigean dom ligean orm féin nach raibh sé
seo ag tarlú.

Bhí a chathaoir brúite siar arís ag Greg
nuair a d'fhill Iníon Beck. Bhuail an clog agus
bhailigh sí na scrúduithe.

Thug Iníon Beck na scrúduithe ar ais an lá dár gcionn agus fuair mé 89 marc. Bhí cineál díomá orm mar is iondúil go n-éiríonn níos fearr liom ná sin. Ach fuair Greg 89 marc freisin agus b'iontach an marc dósan é sin.

Ach níorbh é sin deireadh an scéil FARAOR.

Nuair a bhí an rang thart agus gach duine ag imeacht, d'iarr Iníon Beck ormsa agus ar Greg fanacht siar.

Bhí sé tugtha faoi deara aici go raibh an marc céanna faighte againn sa scrúdú agus go raibh an freagra ceart ar na ceisteanna céanna againn.

Ach dúirt Greg nach cúis IONTAIS an méid sin mar go raibh muid ag staidéar le chéile agus go raibh an t-eolas céanna againn.

Bhí ríméad orm go raibh Greg agam mar tá sé go maith ag míniú rudaí mar seo do dhaoine fásta.

Shíl mé go scaoilfeadh Iníon Beck linn ach NÍOR scaoil. Dúirt sí go raibh sé cineál aisteach go raibh an dá scrúdú DÍREACH mar an gcéanna agus chuir sí le taobh a chéile iad go bhfeicfeadh muid.

Is ansin a thuig mé gur chóipeáil Greg GACH RUD, fiú amháin m'AINM.

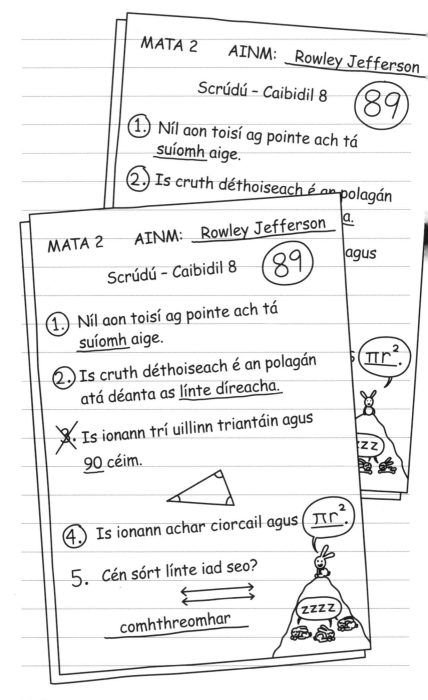

MATA 2   AINM: _Rowley Jefferson_

Scrúdú – Caibidil 8   (89)

1. Níl aon toisí ag pointe ach tá
   suíomh aige.

2. Is cruth déthoiseach é an polagán
   atá déanta as _línte díreacha._

3. Is ionann trí uillinn triantáin agus
   _90_ céim.

4. Is ionann achar ciorcail agus πr^2.

5. Cén sórt línte iad seo?

   comhthreomhar

Dúirt Iníon Beck gur léir gur chóipeáil Greg mo scrúdú. Bheadh sé le coinneáil istigh trí lá AGUS bheadh an scrúdú le déanamh arís aige.

Cheap mise go mbeinn le coinneáil istigh freisin ach NÍ RAIBH. Ba MHEASA ná sin an méid a bhí le rá aici liomsa.

A ROWLEY TÁ AN-DÍOMÁ ORM.

Dúirt Iníon Beck ansin go raibh ceacht le foghlaim ag an mbeirt againn as seo. Gheall muid nach dtarlódh sé go brách arís. Dúirt sí go raibh áthas uirthi é sin a chloisteáil mar má théann cáil an tSÉITÉARA amach ort gur deacair fáil réidh léi.

Bhí cead abhaile ansin againn. D'imigh Greg ach rug mise barróg ar Iníon Beck le taispeáint di go raibh brón orm. Sílim gur mhair an bharróg rófhada.

Ar an mbealach abhaile, ní raibh mé in ann dearmad a dhéanamh ar an méid a dúirt sí faoi shéitéirí.

D'fhoghlaim MISE mo cheacht ach níl mé chomh cinnte sin faoi Greg.

An lá dár gcionn cuireadh Greg ina shuí ar chúl an ranga leis an scrúdú a dhéanamh arís. Ach lean sé leis ag cur ceisteanna orm. B'éigean dom an chluas bhodhar a thabhairt dó.

Má tá tú ag cur ceist ort féin cén fáth ar cairde muid i gcónaí is é an freagra ná gur CARA MAITH é Greg cé nach féidir a bheith ag staidéar leis.

Agus is é an t-aon duine ar m'aithne é atá in ann ubh a bhreith.

AN UAIR A SHEAS GREG
AN FÓD AR MO SHON

Bhuel, a Greg, má tá tú á léamh seo tá brón orm má bhí mé diúltach fút sa dá chaibidil roimhe seo. Ach beidh an ceann seo níos fearr.

Is í Bean Modi an múinteoir eolaíochta a bhí againn anuraidh ach nuair a rugadh leanbh di fuair muid múinteoir nua ina háit darb ainm an tUasal Hardy.

Sílim go mbíodh sé ag múineadh sa scoil fadó fadó agus go n-iarrtar ar ais é nuair a bhíonn ionadaí ag teastáil ar feadh tréimhse fhada.

An tUasal Hardy

Shíl mé go múinfeadh an tUasal Hardy an rang díreach mar a dhéanadh Bean Modi ach bhí DUL AMÚ orm. Ní dhearna sé ach obair a chur suas ar an gclár dubh agus suí siar ag léamh dó féin don chuid eile den rang.

Ceacht:
Déan ceist 1–11
ar lch 92.

Tar éis an tríú lá thosaigh na daltaí ag pleidhcíocht. Ba CHUMA leis an Uasal Hardy.

Lá amháin rinne beirt daltaí iarracht feithid a mharú le leabhair. Ar an dea-uair, d'éalaigh an fheithid ach NÍOR ARDAIGH an tUasal Hardy a cheann fiú.

PLIMP   PLANC

B'fhéidir nach raibh an gleo ag cur as don Uasal Hardy ach ní raibh mise in ann díriú ar mo chuid oibre leis an ruaille buaille seo.

Dúirt Greg go raibh mé ag cur amú ama ag déanamh na gceachtanna seo mar nach gCEARTÓDH an tUasal Hardy go brách iad. Mhol sé dom an chraic a bheith agam le GACH DUINE EILE go bhfillfeadh Bean Modi. Bheadh rudaí ina gceart arís ansin.

Ach tomhais céard a tharla? Shocraigh Bean Modi GAN filleadh ach fanacht sa bhaile leis an leanbh. Bheadh an tUasal Hardy againn don chuid eile den BHLIAIN.

Shíl mé go bhfeabhsódh rudaí agus é ina mhúinteoir "oifigiúil" anois againn, ach is IN OLCAS a chuaigh siad.

Ar an lá deireanach den téarma dúirt an tUasal Hardy go dtabharfadh sé ár gcuid MARCANNA dúinn. Bhí gach duine scanraithe mar ní raibh tuillte ag an gcuid is mó den rang ach "F".

Shiúil an tUasal Hardy suas síos an seomra ranga agus thug sé grád do gach dalta i gcogar. Ach tá glór láidir aige agus bhí muid ar fad in ann é a chloisteáil.

Ba é Denis Diterlizzi an chéad duine agus fuair sé "C". Ach labhraíonn an tUasal Hardy go mall agus seo é a chuala muid:

Fuair an chéad duine eile "C" agus gach duine eile ina dhiaidh - fiú amháin Greg, nach ndearna ceacht ar bith. Bhí seisean breá sásta mar ní raibh sé ag iarraidh ranganna samhraidh a dhéanamh.

Ba é mo SHEALSA anois é agus bhí mé ag súil le marcanna MAITHE. Ach fuair mé an grád céanna is a fuair gach duine EILE.

Bhí an ceart ar fad ag Greg. Ní raibh ceacht ar bith ceartaithe ag an Uasal Hardy.

Bhog an tUasal Hardy ar aghaidh go dtí an chéad duine eile, ach go tobann d'éirigh Greg agus labhair sé amach. Dúirt sé gur mise an t-aon duine a rinne obair ar bith sa rang, gur dhrochmhúinteoir é agus gur cheart gearán a dhéanamh faoi leis an bPRÍOMHOIDE.

Bhí iontas orm mar níor labhair Greg amach ar mo shon cheana riamh. Shíl mé ar feadh soicind go gcuirfí chuig an bpríomhoide é.

D'imigh nóiméad agus ansin chuir an tUasal Hardy cogar i mo chluas agus thug sé grád NUA dom.

Ag siúl abhaile dúinn dúirt mé le Greg gurbh iontach an cara é faoi labhairt amach ar mo shon. Bhíomar cothrom anois ó thug mise slán ó chóisir Tevin Larkin é.

Ach dúirt Greg go raibh an méid a bhí déanta aige domsa i bhFAD níos fearr ná an méid a rinne mise dósan. Bhí muid cothrom anois ó thug mise slán ó chóisir Tevin Larkin é.

OK, arsa mise, ach céard eile is gá dom a dhéanamh le go mbeidh muid COTHROM? Tharraing Greg an léaráid seo dom:

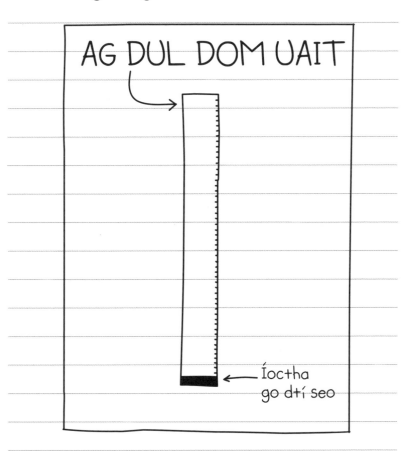

AG DUL DOM UAIT

Íoctha go dtí seo

Is cosúil go bhfuil píosa le dul fós agam. Ach ní miste liom mar beidh mé féin agus Greg mór le chéile go ceann i bhfad agus tá neart ama agam é a íoc ar ais.

AN UAIR A THUIG MÉ NACH nINSÍONN GREG AN FHÍRINNE I gCÓNAÍ

Tamall i ndiaidh dúinn a bheith ag staidéar le chéile d'fhiafraigh mé de Greg cén chaoi sa diabhal ar rug sé ubh. Dúirt sé gurbh fhéidir leis a ROGHA ubh a bhreith.

Bhuel, beir ubh OSTRAISE mar sin, arsa mise. Dúirt Greg go mbeadh air go leor criospaí a ithe leis sin a dhéanamh agus ansin sciob sé slám de mo chuidse.

ALP
ALP

Cúpla lá ina dhiaidh sin agus muid ag bailiú Greg le dul ar scoil, thug a Mhama ubh chruabhruite dó don lón. Is ansin a rith sé liom go mbíonn ubh ag Greg don lón i gCÓNAÍ. Caithfidh go raibh ceann ina phóca an lá sin sa leabharlann.

Chuir sé sin ag smaoineamh mé faoi Greg. An raibh scéalta EILE inste aige dom nach raibh iomlán na fírinne iontu? Tá muid mór le chéile le fada agus tá GO LEOR rudaí ráite aige liom a bhfuil frídín an amhrais anois orm fúthu.

Níl anseo ach cúpla rud a ritheann liom.

1. Deir Greg go bhfuil sé ag siúl amach leis an mainicín álainn seo ach gur caidreamh faoi rún atá ann mar go mbeadh sí ina ceap magaidh dá bhfaigheadh daoine amach go raibh sí mór le buachaill scoile.

CUMHRÁN

Deir Greg go gcuireann sí teachtaireachtaí rúnda chuige nuair a bhíonn sí ar an teilifís.

2. Deir Greg gur chaith sé friosbaí uair ach gur rug an ghaoth air agus gur séideadh thart timpeall na cruinne é nó gur bhuail sé arís ar chúl a chinn é agus gurb é sin an fáth nach n-imríonn sé spórt níos mó.

3. Deir Greg gur CALÓG SHNEACHTA atá sa chnaipe "réiltín" ar an bhfón. Líne dhíreach chuig an Mol Thuaidh atá ann agus má dhéanaimse aon rud nach maith leis, deir Greg go n-inseoidh sé do Shantaí faoi.

4. Deir Greg gur thug a Mhama é chuig áisíneacht mainicíní agus é ina naíonán agus gur tógadh a phictiúr le húsáid i bhfógraí d'uachtar clúidín.

Dúirt Greg nár úsáideadh na fógraí sa tír seo ach dá rachadh sé chun na Síne, go mbeidís ag dul FIÁIN ina dhiaidh.

5. Deir Greg gurbh é féin a smaoinigh ar an ngáir COS-AINT ag cluichí cispheile agus gach uair a deir an slua é, go seoltar céad euro chuig a chuntas bainc.

6. Deir Greg go bhfuil sé 500 bliain d'aois ach go bhfuil cuma óigeanta air. Bíonn air bogadh ó áit go háit gach cúpla bliain lena rún a choinneáil. Bhí aithne aige ar Abraham Lincoln sa bhunscoil agus deir sé gur chineál leibide a bhí ann.

7. Deir Greg gur féidir le duine a rogha páiste a uchtú ach foirm a shíniú i halla an bhaile. D'uchtaigh seisean mise agus caithfidh mé anois an rud a deir sé a dhéanamh.

8. Deir Greg gur féidir leis é féin a iompú ina uisce am ar bith. Ach nuair a d'iarr mé air gloine uisce a dhéanamh de féin, dúirt sé gur ól Rodrick é an uair dheireanach a rinne sé sin agus gur thóg sé dhá lá ar a chruth daonna filleadh.

9. Deir Greg go n-úsáideann sé cúig faoin gcéad dá inchinn ach dá n-úsáidfeadh sé í ar fad go bhféadfadh sé teach a ardú den talamh. Dúirt mise go bhféadfainn an rud céanna a dhéanamh ach dúirt Greg go bhfuil m'inchinn uilig in úsáid agam cheana.

10. Deir Greg freisin go mbíonn A FHIOS AIGE i gcónaí céard atá mé ag dul a dhéanamh SULA ndéanaim é.

Seans go bhfuil an ceann seo fíor mar tá sé déanta cúpla uair aige.

Ar aon nós sílim nach bhfuil a LEATH seo fíor ach tá mé á scríobh síos anseo ar fhaitíos go BHFUIL.

Agus mar eolas, tá Greg ag ithe GO LEOR de mo chuid criospaí le trí seachtaine anuas ach níl tásc ná tuairisc ar ubh ostraise fós.

AN UAIR A CHRUTHAIGH MÉ FÉIN AGUS GREG SÁRLAOCH

OK, seans gurb í seo an chaibidil is fearr sa leabhar mar is í an t-aon cheann amháin í a bhfuil sárlaochra inti. Tá súil agam nach bhfuil an scéal millte anois agam ort ach is fiú coinneáil ort ag léamh.

Bhuel, bhí sé ag cur báistí an lá seo agus ní fhéadfadh mise ná Greg dul amach. Agus ní raibh cead ag Greg físchluichí a imirt ó chaill sé an cloigeann agus é ag imirt An Draoi Mallaithe.

Dúirt Bean Heffley go gcaitheann páistí an lae inniu an iomarca ama ar scáileáin agus go ndéanfadh sé maitheas dúinn sos a ghlacadh uathu.

Thug sí marcóirí agus leabhar sceitseála dúinn agus dúirt sí linn ár samhlaíocht a úsáid agus greannán dár gcuid féin a chumadh, mar a DHÉANADH muid fadó.

An uair DHEIREANACH a chuir mise agus Greg greannán le chéile bhí mise thíos leis sa deireadh. Agus mura bhfuil an scéal ar eolas agat cheana féin, seo leagan gearr de.

Cúpla bliain ó shin chuir mé féin agus Greg greannán le chéile darbh ainm "Zú-Wí-Mama!".

Ach d'éirigh Greg bréan de agus dúirt sé liom leanúint ar aghaidh LIOM FÉIN.

Ansin foilsíodh mo ghreannán sa nuachtán scoile. Bhí olc ar Greg cé gurbh eisean a DÚIRT liom leanúint ar aghaidh leis.

Thosaigh muid ag troid os comhair na scoile agus an chéad rud eile tháinig na DÉAGÓIRÍ móra seo agus rug siad orainn.

Chuir siad iallach orm píosa _ _ _ _ _ _ a bhí ar an gcúirt chispheile a ithe.

Go dtí inniu ní féidir liom píotsa ná maidí mozzarella ná rud ar bith eile a bhfuil _ _ _ _ _ ann a ithe. Deir Greg go bhfuil sé in am ciall a bheith agam mar gur tharla sé seo fadó.

Ar aon nós, nuair a d'oscail mé an leabhar sceitseála bhí slám de na seanghreannáin ann nár foilsíodh ar an nuachtán scoile riamh.

Dúirt Greg gur cheart iad a chur sa leabhar seo mar go mbeidís an-luachmhar amach anseo nuair a bheadh sé féin cáiliúil.

Dúirt mise gur cheart dúinn COINNEÁIL ORAINN leis an tsraith seo ach dúirt Greg gur sheanscéal a bhí ann agus meirg anois air agus gur cheart dúinn rud éigin NUA a chumadh.

Bhí AN-SMAOINEAMH ansin ag Greg. Ba cheart dúinn ár SÁRLAOCH féin a chruthú. Thaitin an smaoineamh go mór liom mar bheadh SPRAOI againn leis. Ach bhí Greg ag smaoineamh ar an AIRGEAD.

Dá gcruthódh muid sárlaoch, dar leis, d'fhéadfadh muid na cearta scannáin a dhíol agus ní bheadh deireadh ar bith leis an airgead a thiocfadh isteach.

Thosaigh an chaint ansin ar an méid a dhéanfadh muid leis an airgead ar fad a shaothródh muid. Dúirt mise go rachainn chuig rannóg na mbréagán san ollmhargadh agus go gceannóinn lán tralaí de bhréagáin.

Ní raibh mé sách UAILLMHIANACH, dar le Greg. Dúirt seisean go gceannódh sé an tOLLMHARGADH UILIG agus go mbeadh bróga reatha nua air gach lá agus go gcuirfeadh sé faoi i rannóg na sneaiceanna.

Dúirt mise ansin go gceannóinn carr spóirt agus go dtabharfainn síob ar scoil d'Iníon Beck gach maidin.

Bheadh muid chomh saibhir sin, arsa Greg, go bhféadfadh muid an SCOIL a cheannach, fáil réidh leis na múinteoirí agus cluichí iontacha millíní péinte a imirt sna pasáistí.

Dúirt mise go mb'fhéidir nár ghá fáil réidh leis na múinteoirí AR FAD mar go bhfuil Iníon Beck an-deas agus go bhfuil sí go maith ag múineadh mata.

Bheadh muid chomh saibhir, arsa Greg, nach dTEASTÓDH mata arís uainn ach d'fhéadfadh Iníon Beck an t-airgead a chomhaireamh dúinn. B'fhaoiseamh é sin.

Dúirt Greg go mbeadh NEART ama againn AR BALL leis an méid a bhí muid ag iarraidh a dhéanamh leis an airgead a shocrú ach go raibh sé in am anois luí isteach ar an obair agus sárlaoch nua a chruthú.

Is é an CHÉAD rud a bhí le déanamh ná a oibriú amach cé na CUMHACHTAÍ a bheadh aige.

Mhol mise cumas eitilte nó neart mór
a bheith aige. Róleadránach, arsa Greg.
Tá sárlaochra ann cheana a bhfuil na
cumhachtaí sin acu.

Mhol mé ansin go mbeadh sé in ann
breathnú trí bhallaí agus a leithéid, ach
níor thaitin seo le Greg ach oiread. Bhí a
Dhaideo feicthe trí thimpiste aige uair,
agus é lomnocht. A leithéid d'FHEIC!

Rud éigin ÚRNUA a bhí ag teastáil, arsa Greg. Thosaigh muid ag smaoineamh ar rudaí nár chuimhnigh aon duine cheana riamh orthu. Bhí cuid de na smaointe a bhí againn OK ach ní raibh siad iontach.

AN LASCAIRE CLÚIDÍN

GLUG

AN SCLAMHAIRE

SCLAMH!

AN GLUGAIRE

Ba é an Caiteoir Cloiginn an ceann ab ansa linn mar bhí sé in ann a CHLOIGEANN a chaitheamh mar a bheadh liathróid pheile ann.

Ach dúirt Greg nach n-oibreodh sé mar bhábóg aicsin mar go mbeadh baol tachta ann do pháistí.

Rinne muid iarracht ansin smaoineamh ar laochra nach mbeadh AON CHONTÚIRT iontu dá slogfadh páiste iad. Ach ní raibh aon mhaith leis na smaointe a bhí againn.

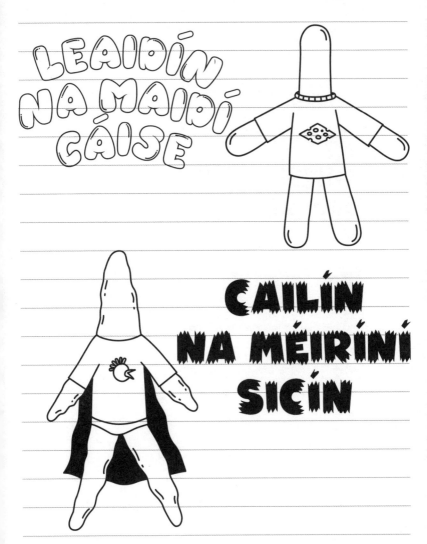

LEAIDÍN NA MAIDÍ CÁISE

CAILÍN NA MÉIRÍNÍ SICÍN

Dúirt Greg gur cheart dúinn smaoineamh ar laoch éigin a thaitneodh le MAMANNA mar is iadsan go hiondúil a cheannaíonn bréagáin dá gclann. Ach níor oibrigh sé sin ach oiread.

Dúirt Greg go mb'fhéidir gurbh é an chúis nach raibh ag éirí linn ná nach raibh muid go maith ag obair LE CHÉILE. Mhol sé go ndéanfadh muid iarracht LINN FÉIN smaoineamh ar rud éigin níos fearr.

Thug muid beirt faoi agus ansin thaispeáin muid ár gcuid oibre dá chéile.

Ba as an spás an sárlaoch a chum Greg agus bhí cumhacht dhifriúil aige i ngach aon mhéar. Bhí sé ar fheabhas.

Dúirt mé le Greg gur thaitin an smaoineamh sin liom agus gur cheart dúinn dul LEIS SIN.

D'fhiafraigh sé ansin díom céard a bhí AGAMSA? Bhí drogall orm tada a rá mar bhí a fhios agam go mbeadh sé ag gáire fúm. Gheall sé nach mBEADH. Thaispeáin mé mo laoch dó.

D'fhiafraigh Greg díom cén chumhacht a bhí ag an Laoch Lách. CINEÁLTAS arsa mise. Phléasc Greg amach ag gáire.

Dúirt sé gur cheart do shárlaoch a bheith CÚLÁILTE. Dar leis gur cheart go mbeadh sceana ag teacht as a chuid alt, go mbeadh seaicéad leathair dubh air agus go mbeadh sé ag eascainí agus é ag troid in aghaidh na mbithiúnach.

Ach dúirt mise go raibh mé ag iarraidh go dtabharfadh an Laoch Lách dea-shampla do dhaoine óga. Phléasc Greg amach ag gáire arís.

GREAD
GREAD

Dúirt mé le Greg gur chuma liomsa murar thaitin an Laoch Lách leis. Ach ní bheadh aon phingin ag dul dó dá ndíolfainn cearta an SCANNÁIN. Go tobann chuir Greg suim sa scéal. Dúirt sé go mbeadh leath an airgid sin ag dul dósan mar gur leis-sean an páipéar agus na marcóirí a d'úsáid mé.

Níor aontaigh mé leis agus dúirt Greg go nglaofadh sé ar a dhlíodóir le soiléiriú a fháil. Chuir sé uimhir isteach ar an bhfón agus d'éist mé lena thaobhsan den chomhrá.

MM HMM. SEA IS LIOMSA NA MARCÓIRÍ. CAOGA FÁN gCÉAD? OK B'IN A SHÍL MÉ.

Ansin chroch sé suas. Dúirt mé leis glaoch AR AIS ar a dhlíodóir mar go raibh cúpla ceist agamsa air.

Ach dúirt Greg go raibh a dhlíodóir RÓDHAOR dom. Bheadh orm mo cheann féin a fháil.

Má tá muid le gach rud a roinnt 50-50, arsa Greg, páirtithe ar comhchéim a bheidh ionainn feasta agus caithfidh muid a bheith ag obair LE CHÉILE. Dúirt mise OK, ach nach mbeadh an Laoch Lách ag eascainí. OK, arsa Greg, pléifidh muid é sin ar ball.

An CHÉAD rud a theastaigh ná "bunscéal" faoin gcaoi a bhfuair an Laoch Lách a chumhachtaí. Mhínigh Greg an chaoi a bhfuair sárlaochra EILE a gcumhachtaí siúd.

Bhí tuismitheoirí maithe ag an Laoch Lách, arsa mise, agus tógadh le cineáltas é. Sin an fáth a mbíonn sé ag tabhairt cúnaimh do dhaoine eile anois.

Ach dúirt Greg gurbh UAFÁSACH an bunscéal é seo. Theastódh rud éigin DRÁMATÚIL ar nós réalta a thit anuas air ón spéir nó feithid radaighníomhach a bhain greim as.

Tá go maith, arsa mise. Bhuail tuar ceatha dúbailte é agus sin an chaoi a bhfuair sé a chuid cumhachtaí speisialta.

Ní raibh CIALL ar bith leis sin, dar le Greg, ach ní raibh fonn air dul ag argóint faoi rud chomh seafóideach sin. Dúirt sé go bpléifeadh muid an ceann sin ar ball freisin.

Dúirt sé go mbíonn saol faoi rún ag gach sárlaoch. Cén saol faoi rún a bheadh ag an Laoch Lách?

Is altra san aonad timpistí agus éigeandála é, arsa mise, agus nuair a chríochnaíonn a lá oibre ag 6pm iompaíonn sé ina Laoch Lách go dtí am codlata.

Agus níl a fhios ag aon duine faoina shaol rúnda, fiú amháin an tAltra Beck a bhíonn ag obair leis.

Dúirt Greg gurbh é sin ainm ár múinteoir Mata, Iníon Beck, ach dúirt mise gur chomhtharlú a bhí ansin.

Dúirt Greg go raibh muid ag cur amú go leor ama le rudaí seafóideacha agus go raibh orainn CULAITH a dhearadh.

Bhí mise BREÁ SÁSTA leis an gculaith a bhí déanta agam féin dó ach dúirt Greg nach n-oibreodh sé mar go n-aithneofaí go héasca é mura mbeadh a éadan clúdaithe.

Dúirt Greg go dteastódh masc uaidh. Tharraing sé ceann iontach agus tharraing sé clóca freisin.

Dúirt sé ansin go bhféadfadh cumhachtaí a bheith sa CHULAITH fiú. Ach dúirt mise go raibh bua an CHINEÁLTAIS ag an Laoch Lách agus go raibh lámhainní boga aige ionas nach ngortódh sé na bithiúnaigh.

Bhí mise ag iarraidh na pictiúir ar fad a tharraingt agus dúirt Greg OK, go ndéanfadh seisean an scríobh. Tharraing mé an radharc iontach seo den Laoch Lách ag teacht i gcabhair ar dhuine a bhí i dtrioblóid. D'fhág mé bearnaí ag Greg leis an téacs a chur isteach.

Dúirt mé le Greg go raibh mo ghreannán
millte ar fad aige agus go ndéanfainn féin an
tarraingt AGUS an scríobh feasta. Dúirt
Greg go raibh sé le glaoch ar a dhlíodóir
arís. LEAN ORT, arsa mise. Bhagair sé
glaoch ar SHANTAÍ ansin ach fós ní ghéillfinn.

Dúirt Greg nach raibh sé ag iarraidh a bheith
ag scríobh do mo ghreannán amaideach
níos mó agus nach raibh cuma ná caoi ar mo
laoch. Scríobhfadh sé a ghreannán féin faoin
Laoch Idir-Réaltach. Is cuma liomsa, arsa
mise, mar tá mo laochsa níos FEARR.

Dúirt Greg go maródh an Laoch Idir-
Réaltach an Laoch Lách i gcúig shoicind
dá mbeadh troid eatarthu. MAR SIN É? a
deirimse. Chuaigh an bheirt againn i mbun
pinn agus tharraing gach duine againn a
THAOBH FÉIN den troid.

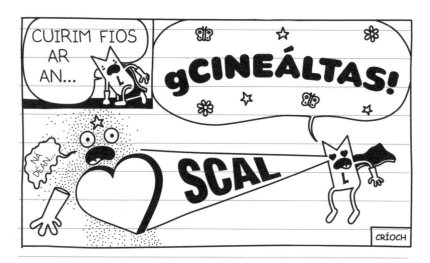

Is cosúil go ndeachaigh mé thar fóir leis an bpictiúr deireanach seo mar nuair a bhí sé déanta dúirt Greg gur shíl sé go raibh sé in am agam dul abhaile.

Ní shílim gur cheart don Laoch Lách a chumhacht IOMLÁN a úsáid an chéad uair eile. Níor mhaith liom go mbeadh a mhuintir ná an tAltra Beck míshásta leis.

AN UAIR A CHAITH MÉ
DHÁ OÍCHE I dTEACH GREG

OK, tá a fhios agat ón teideal céard é
ábhar na caibidle seo. Agus is mór an seans
go gceapann tú go raibh an-spraoi agus
an-chraic againn an uair a chaith mé DHÁ
OÍCHE i dteach Greg. Ach leis an bhfírinne a
rá ní raibh sé go maith AR CHOR AR BITH.

Is é an chúis ar fhan mé leis ná go raibh mo
Mhamó tinn agus go raibh mé féin agus mo
thuismitheoirí le dul ar cuairt chuici. Ach
ansin dúirt Bean Heffley:

AR MHAITH
LE ROWLEY FANACHT
LINNE DON DEIREADH
SEACHTAINE?

Nuair a dúirt mo Mhama OK, bhí mé féin agus Greg AR BÍS mar níor chaith muid dhá oíche le chéile cheana riamh. Ach bhí orainn fanacht go mbeadh mo mhuintir imithe lenár lúcháir a thaispeáint mar gheall ar Mhamó bhocht a bheith tinn.

Phacáil mo Mhama mála dom Dé hAoine agus chuir sí brístín breise isteach "ar fhaitíos na bhfaitíos."

Chuir sí grianghraf di féin agus de mo Dhaid isteach freisin ar fhaitíos go mbeadh uaigneas orm.

Cé go ndeachaigh rudaí in olcas tar éis
tamaill, bhí an-chraic againn ar dtús. D'imir
muid físchluichí san íoslach agus d'ith muid
sneaiceanna. Ansin chuir muid bobghlaoch
ar Scotty Douglas. Shéid seisean an
fheadóg orainn a choinníonn sé le taobh an
teileafóin do na glaonna seo.

Ach ansin chuir máthair Scotty glaoch ar Bhean Heffley le gearán fúinn. Labhair Bean Heffley linn agus dúirt sí go raibh muid ag "bulaíocht." Bhí náire ormsa.

Ag 9:00 dúirt sí go raibh sé in am dul a chodladh agus chuaigh sí suas staighre arís.

Bhí mise tuirseach go maith ach dúirt Greg go raibh plean aige. Tá an leaid seo, Joseph O'Rourke, ina chónaí ar an mbóthar seo againne. Tá trampailín aige ach ní thugann sé cead d'aon duine dul air. Dúirt Greg gur cheart dúinn éalú amach agus dul air agus Joe ina chodladh.

Bhuel, ní raibh mise róthógtha leis seo mar phlean ach dúirt Greg liom dul suas a chodladh le MANNY má bhí faitíos orm.

"Níl faitíos orm," arsa mise láithreach. Dúirt seisean "Tá" agus dúirt mise "Níl." Ansin dúirt sé "Tá méadaithe faoi MHILLIÚN." Bhí mise réidh agus dúirt mé "Níl CEARNAITHE méadaithe faoi mhilliún." Bhí an ceann is fearr faighte agam air shíl mé, ach tháinig sé ar ais le. "Tá cearnaithe méadaithe faoi mhilliún móide a hAON."

D'éalaigh muid amach agus lean mise Greg go teach Joe. Bhí sé an-fhuar agus ní raibh orm ach mo chuid pitseámaí. Ach ní dhearna mé aon ghearán faoi ionas nach ndéarfadh Greg arís gur faitíos a bhí orm.

Bhí tigh O'Rourke faoi dhorchadas agus seans againne anois dul ar thrampailín Joe. Dúirt Greg go gcaithfeadh muid a bheith an-chiúin. Suas leis ar an trampailín agus rinne sé cúpla léim. Ní raibh smid as.

Suas LIOMSA ina dhiaidh. Ba é seo an chéad uair riamh agam ar thrampailín agus bhí sé IONTACH. Chomh hiontach sin go ndearna mé dearmad go raibh orainn a bheith ciúin.

Lasadh na soilse sa teach agus thosaigh an madra ag tafann. Thug Greg na cosa leis. Bhí mise ag iarraidh éalú FREISIN ach níl sé éasca tú féin stopadh agus tú ar thrampailín.

Nuair a d'éirigh liom stopadh, rith mé ar ais chuig teach Greg agus chuaigh mé timpeall chuig doras an íoslaigh.

Ach ní scaoilfeadh Greg isteach mé. Bhí sé ag iarraidh ceacht a mhúineadh dom mar go ndearna mé torann ar an trampailín, ba chosúil.

Bhí mé préachta. Rinne mé iarracht é seo a chur in iúl do Greg ach is cosúil nár thuig sé.

Shíl mé go bhfágfadh sé amuigh go MAIDIN mé. Rith mé timpeall an tí féachaint an raibh an doras tosaigh faoi ghlas.

BHÍ, mo léan, agus bhí mé i ndeireadh na feide anois.

Osclaíodh an doras gan mhoill, ar an dea-uair, ach ba é an +Uasal Heffley a bhí romham.

Dúirt an tUasal Heffley linn ár gcuid stuif
a fháil ón íoslach mar gur i seomra Greg a
bheadh muid feasta ionas go bhféadfadh
sé súil a choinneáil orainn.

Tháinig Bean Heffley isteach chugainn
ansin agus dúirt sí go raibh an-díomá uirthi
gur éalaigh muid amach. Bhí náire ormsa.
Arís. Ach sílim go mbíonn Greg i dtrioblóid
GO MINIC mar shílfeá nár chuir an chaint
seo mórán as dó.

Agus Bean Heffley imithe, dúirt Greg go raibh mé amaideach an torann sin a dhéanamh ar an trampailín. Agus níos amaidí FÓS clog an dorais a bhualadh. Ghabh mé leithscéal as "fuíííí" a rá ar an trampailín ach ba air féin an milleán faoin rud eile.

Bhuail Greg ansin lena philiúr mé. Rug mé ar mo philiúr féin agus bhuail mé ar ais é ach is cosúil go raibh go leor torainn againn mar isteach den dara huair leis an Uasal Heffley ina chuid fo-éadaí.

LASC

Chuir an tUasal Heffley Greg chuig seomra Manny, agus rith sé liom gurbh é sin an pionós a bhagair Greg ORMSA níos luaithe.

Dhúisigh Bean Heffley mé an mhaidin dár gcionn agus dúirt go raibh an bricfeasta réidh thíos staighre.

Bhí Greg sa seomra folctha ag scuabadh a chuid fiacla. D'fhiafraigh sé díom an raibh taos fiacla liom mar, mura raibh, go mbeadh orm íoc as ós rud é gur leis-sean an teach.

Dúirt mé leis GO RAIBH taos fiacla liom ach dúirt sé ansin go mbeadh orm íoc as an uisce a d'úsáidfinn.

Dúirt mise nach raibh mé ag dul íoc as mar gur chuairteoir mé agus gur cheart caitheamh GO MAITH le cuairteoirí.

Bhuel, arsa Greg, mura mbeinn sásta íoc as an uisce ní fhéadfainn bricfeasta ná béile ar bith eile a bheith agam ach oiread.

MAR SIN É? a deirimse. Ansin mhúch sé an solas orm mar bhí mé ag úsáid a chuid leictreachais.

Nuair a tháinig mé anuas staighre d'inis mé mo scéal do Bhean Heffley. Dúirt sise go raibh an CEART agam agus gur cheart caitheamh go maith le cuairteoirí.

Thug sí an chéad rogha pancóg domsa, roimh Greg.

Nuair a bhí an bricfeasta thart, dúirt sí go raibh an iomarca ama caite inné againn ar scáileáin agus go gcaithfeadh muid rud éigin eile a dhéanamh go dtí am lóin.

Bhí Greg cantalach. Shocraigh mé gáire a bhaint as. D'inis mé jóc "cnag cnag" dó. Ach dhiúltaigh sé "Cé atá ansin?" a rá cé go ndearna mé go leor iarrachtaí é a mhealladh.

Dúirt mé le Greg go raibh mé ag dul suas staighre le hinsint dá Mhama nach ndéarfadh sé "Cé atá ansin?" D'oibrigh sé sin.

D'fhiafraigh mé de céard a dhéanann eilifintí tráthnóna? Ach dúirt Greg nach bhfuil tú ceaptha ceist a chur sa chuid sin de jóc "cnag cnag". Dúirt mise go bhfuil.

Dúirt sé ansin gurbh amadán mé. Dúirt mise go sceithfinn ARÍS air as sin a rá. "Coinnigh ort," arsa Greg. Agus CHOINNIGH.

Tháinig Bean Heffley anuas agus dúirt sí le Greg nach raibh cead aige amadán ná drochainm ar bith eile a thabhairt orm.

Ach nuair a bhí sí imithe dúirt Greg go raibh leasainm nua aige orm. Ar dtús shíl mé gur leasainm iontach é ach thuig mé ansin céard a bhí i gceist aige.

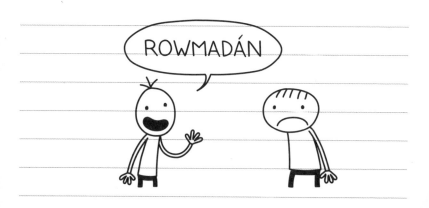

Dúirt mé le Greg go n-inseoinn ARÍS air ach dúirt Greg gur lá speisialta a bhí ann, ar a mbíonn an chiall chontrártha le baint as focail.

Thuig mé láithreach céard a bhí i gCEIST aige agus d'inis mé do Bhean Heffley é. Ach níor thuig sise ar dtús cén lá a bhí ann agus ní raibh sí crosta le Greg.

Mhínigh mé di é agus chuir sí brú ar Greg
a leithscéal a ghabháil. Ach sílim gurbh é a
mhalairt a bhí i gceist aige.

Mhínigh Bean Heffley dúinn go n-éiríonn
idir cairde uaireanta ach go mbeadh orainn
rudaí a oibriú amach mar go raibh oíche
eile romhainn le chéile.

Dúirt sí linn fanacht amach óna chéile ar feadh tamaill agus d'AONTAIGH mise leis sin. Chuaigh mé ag súgradh le Manny ina sheomra siúd.

Bhí an-spraoi agam le Manny, ach d'airigh mé uaim Mama agus Daid. Gach seans a fuair mé, d'fhéach mé ar an ngrianghraf.

GEONAÍL

Ní fhaca mé Greg arís go dtí am lóin. Bhí ceapairí le subh agus le him piseanna talún déanta ag Bean Heffley dúinn agus bhí na crústaí bainte aici de mo chuidse.

Nuair a bhí na ceapairí ite againn thug sí brioscaí sceallaí seacláide dúinn mar mhilseog. Thug sí ceann amháin do Greg ach thug sí PÉIRE domsa mar gur chuairteoir SPEISIALTA mé.

D'ith mé ceann acu ach chuir mé mo dhá lámh timpeall ar an gceann eile mar chosaint ó Greg. Uaireanta má bhíonn rud éigin agamsa atá ag teastáil uaidh, líonn sé é ionas nach mbeidh sé uaimse níos mó.

B'in a rinne sé Oíche Shamhna nuair a fuair mise níos mó milseán ná é.

Ach dúirt Greg go raibh sé lán agus nach raibh aon DÚIL aige i mo bhriosca. Dúirt sé go raibh sé ag léamh leabhar draíochta nuair a bhí mise agus Manny ag spraoi agus go raibh cleas aige le taispeáint dom. Is breá liomsa draíocht agus dúirt mé OK.

Dúirt Greg liom mo mhéara a leagan le taobh a chéile ar imeall an bhoird, mar seo:

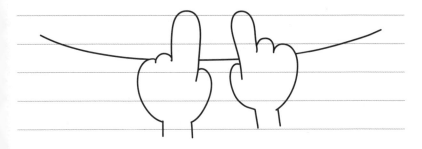

Ansin leag Greg mo ghloine bainne anuas ar mo chuid méar.

D'fhiafraigh mé de cén uair a tharlódh an draíocht. Tá sé ag tarlú CHEANA féin, arsa Greg, mar ní féidir leat corraí. Bhí an ceart aige mar dá gcorróinn, dhoirtfinn an bainne. Agus bíonn olc ar an Uasal Heffley nuair a dhoirtim rudaí ina theach.

Tá an DRAÍOCHT ar tí tarlú, arsa Greg, agus sciob sé mo bhriosca agus d'ith sé é.

Suas an staighre le Greg ansin ach ní fhéadfainnse bogadh ó bhord na cistine. D'imigh leathuair agus bhí mé fós sáinnithe ann nuair a tháinig Bean Heffley ar ais.

D'inis mé di céard a bhí déanta ag Greg. Bhí sí crosta leis. Ní faoin gcleas a d'imir sé ach go raibh rud éigin tógtha aige uaim gan chead.

Chuaigh muid suas chuig seomra Greg ansin agus dúirt Bean Heffley liom go bhféadfainn ceann dá chuid bréagán a roghnú le tabhairt abhaile liom, mar chúiteamh.

Bhuel, bhí GO LEOR bréagáin mhaithe ag Greg agus bhí sé an-deacair ceann amháin a roghnú. Ach ar bhealach éigin, d'éirigh leis a thabhairt le fios dom cé na bréagáin nár mhaith leis mé a roghnú.

Ar deireadh roghnaigh mé bábóg aicsin - ridire ar leathlámh - agus bhí Greg OK leis sin, shílfeá.

Ach a luaithe a bhí Bean Heffley imithe dúirt Greg go raibh sé féin ag dul ag spraoi lena bhréagáin mhaithe agus go bhféadfainnse a bheith ag spraoi leis an mbabóg lofa sin.

Chuir sin as dom agus tháinig fonn orm
cur isteach ar GREG. Lig mé orm go raibh
an-spraoi agam le mo bhréagán nua.

D'OIBRIGH mo chleas. Bhí Greg á iarraidh
ar ais. Dúirt mé nach dtabharfainn ar ais é
ach dúirt sé go dtógfadh SÉ FÉIN ar ais é
nuair a bheinn i mo chodladh.

Dúirt mé leis go gcuirfinn an ridire síos i
mo bhrístín ionas nach dtógfadh sé é. Níor
thaitin sé sin leis.

Dúirt Greg go ndéanfadh sé rud éigin AN-DEAS dom dá dtabharfainn an ridire dó - thabharfadh sé deich moladh dom. Rud annamh é moladh ó Greg - bhí sé ina mhargadh.

Thóg sé stoca bréan amach as a chiseán níocháin ansin agus chuir sé faoi mo shrón é.

Céard atá ar bun agat? arsa mise. Seo é do chéad "bholadh" a deir sé.

Deich MOLADH atá uaim, arsa mise, ní deich mBOLADH. Ach bhí an margadh déanta, dar le Greg, agus rinne sé iarracht an dara stoca bréan a shá faoi mo shrón.

Nuair a dúirt mé go raibh mé ag dul ag sceitheadh arís air, dúirt sé go mbabhtálfadh sé an dragún Lego a bhí aige ar an ridire. CINNTE arsa mise, mar bhí an dragún sin i bhfad níos fearr ná ridire ar leathlámh.

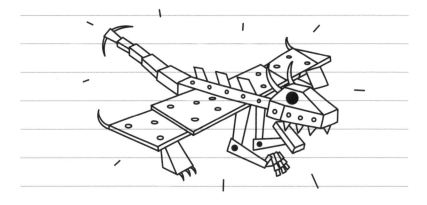

Ach nuair a thug mé an ridire dó ní thabharfadh sé an dragún dom. Mheabhraigh sé dom gur lá speisialta é ar a mbíonn an chiall chontrártha le baint as focail.

Bhí sé imithe thar cailc ar fad anois. Phléasc mé. Sciob mé an dragún uaidh, ach sciorr sé uaim. Thit sé ar an urlár agus bhris sé as a chéile.

TUAIRT   PLÉASC

Is cosúil go raibh neart gleo againn mar an chéad rud eile bhí Mama Greg ar ais sa seomra. Dúirt sí go gcaithfeadh muid fanacht amach óna chéile an chuid eile den oíche agus bhí sin go breá LIOMSA.

Dúirt sí go mbeadh leath an tseomra codlata an duine againn agus go mbeadh orainn fanacht inár leath féin. D'fhiafraigh sí díomsa cén leath a bhí uaim agus roghnaigh mé an taobh a raibh an LEABA ann. Bhí olc ar Greg.

Nuair a chuaigh Bean Heffley ar ais chuig a seomra féin, dúirt Greg go raibh sé ag lasadh fál cosanta draíochta eadrainn.

Dá dtrasnódh aon duine againn an teorainn, zaipeálfaí é.

Dúirt Greg gur chuma leis má bhí an leaba agamsa mar go raibh an leaba aeir aigesean agus go raibh na bréagáin mhaithe ar fad ar a thaobhsan den seomra. Nuair a shín mé mo lámh anonn le mo ridire a fháil, iontas na n-iontas, zaipeáladh mé.

D'oscail mé an tarraiceán le taobh leaba Greg féachaint an raibh aon ghreannáin ann. Ní raibh, ach bhí sean-fhíschluiche dá chuid ann.

D'imir mé an cluiche agus ní fhéadfadh Greg tada a dhéanamh faoi mar gheall ar an bhfál cosanta draíochta.

Ach dúirt Greg gur chuma leis mar go raibh cóisir iontach ar siúl ar a THAOBHSAN den seomra agus nach raibh cuireadh ar bith agamsa ann. Bhí cineál éada orm mar bhí cuma mhaith ar an gcóisir.

Dúirt mé go raibh cóisir ar mo THAOBHSA a bhí i bhfad níos fearr ná an ceann ar a THAOBHSAN agus go raibh scoth an cheoil agam. Dúirt Greg gur ag déanamh aithrise air a bhí mé ach sílim go raibh sé in éad liom faoi mo chóisir bhreá.

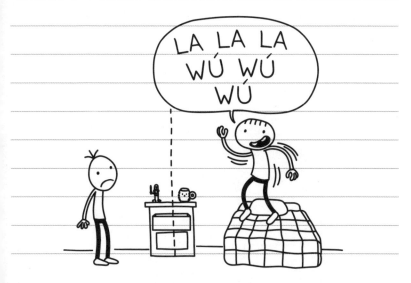

Dúirt Greg ansin go raibh plocóid mo chuid callairí ar a THAOBHSAN den seomra. Tharraing sé amach í agus stop an ceol.

Chuaigh Greg ar ais chuig a chóisir féin arís agus nuair a d'iarr mé air an phlocóid a chur ar ais, ní fhéadfadh sé mé a chloisteáil leis an gceol ard a bhí aige féin.

Ach ba é an tUASAL Heffley a tháinig isteach an uair seo agus níor thug Greg faoi deara é ina sheasamh sa doras.

Dúirt an tUasal Heffley nach raibh sé ag iarraidh smid eile a chloisteáil agus d'imigh sé. Bhí muid ciúin ansin, ainneoin go ndearna Greg iarracht gáire a bhaint asam.

Bhí mé buíoch go raibh orainn fanacht socair mar bhí mé ag éirí tuirseach agus bhí sé in am codlata.

Bhí mise ag iarraidh mo chuid fiacla a scuabadh. Is trua sin, arsa Greg, mar tá an fál cosanta draíochta fós ar siúl. Bheinn sáinnithe mar a raibh mé go maidin.

D'iarr mé air an fál cosanta a mhúchadh ar feadh tamaillín le go bhféadfainn mo chuid fiacla a scuabadh ach dúirt sé nuair a lastar an fál, nach féidir é a mhúchadh go maidin.

Amach leis féin ansin chuig an seomra folctha go scuabfadh sé a chuid fiacla FÉIN.

Rith sé liom ansin go mbeadh orm dul chuig an leithreas sula rachainn a chodladh ionas nach mbeadh timpiste agam i lár na hoíche.

Ach dúirt Greg go gcaithfinn é a choinneáil go maidin. Dúirt mé nach bhFÉADFAINN fanacht go maidin ach dúirt Greg nár bhain sin leis siúd.

Dúirt mé leis mura múchfaí an fál cosanta go mbeadh orm mo mhún a dhéanamh ina mhuga Chewbacca a bhí ar an mbord beag le taobh na leapa. Dúirt Greg ansin go raibh scian draíochta aige a bhí in ann poll a dhéanamh san fhál cosanta.

Thaispeáin sé dom an chaoi ar oibrigh sé.
Ghearr sé cearnóg bheag san áit a raibh an
muga leagtha.

Shín sé isteach a lámh sa pholl a bhí déanta
aige agus chroch sé leis an muga.

D'iarr mé ar Greg poll a ghearradh san fhál
cosanta a bheadh sách mór domsa ionas
go bhféadfainn dul chuig an leithreas.

Ach dúirt Greg go raibh an mí-ádh orm
mar go raibh na cadhnraí sa scian caite
anois tar éis dó a pholl FÉIN a dhéanamh
san fhál cosanta.

Thosaigh sé ag caint ansin ar go leor rudaí
a bhain leis an uisce.

Thit néal air faoi dheireadh. Rith sé liom
éirí agus éalú amach thairis ach bhí imní
orm gur ag ligean air féin a bhí sé agus go
zaipeálfaí mé.

Thit néal orm féin tar éis tamaill. Ach dhúisigh mé thart ar a sé a chlog ar maidin agus mé réidh le PLÉASCADH.

Ba chuma sa sioc liom faoin bhfál cosanta anois ach bhí imní orm go ndúiseoinn an tUasal Heffley dá n-úsáidfinn an leithreas. Ach bhí sé de cheart agam é a úsáid, mar bhí an tUasal Heffley ina shuí cheana féin, mar a tharla.

Ní fhaca sé mé, ar an dea-uair. Bhí mé ar ais i mo leaba faoin am ar tháinig sé aníos chuig an seomra.

Thit mé i mo chodladh arís agus níor éirigh mé go dtí gur ghlaoigh Bean Heffley orm don bhricfeasta.

Tar éis an bhricfeasta chuaigh mé sa tóir ar mo ridire i seomra Greg. Ní raibh TÁSC NÁ TUAIRISC air.

Dúirt Greg nach raibh tada ar eolas aige faoi ach dúirt Bean Heffley go gcaithfeadh sé cabhrú liom é a chuardach.

Chuardaigh an bheirt againn an seomra ach le bheith fírinneach, ní mórán cúnaimh a thug Greg.

Is cosúil gur shíl Bean Heffley go raibh an ridire curtha i bhfolach ag Greg orm mar dúirt sí leis mura dtabharfadh sé ar ais láithreach é, go mbeadh sé ina raic.

Dúirt Greg go raibh air dul chuig an leithreas ach go lorgódh sé an bréagán ina dhiaidh sin. Ach thug mé faoi deara go raibh rud éigin ina lámh aige agus é ag dul isteach sa leithreas.

Chuir Greg an glas ar an doras ach dúirt Bean Heffley leis teacht amach láithreach. Tharraing Greg an slabhra agus nuair a d'oscail sé an doras ní raibh tada ina lámh.

Chuir Bean Heffley iallach air TRÍ bhréagán eile a thabhairt dom agus phioc mé cinn NACH RAIBH briste an uair seo.

Tháinig mo Mhama agus mo Dhaid le mé a bhailiú díreach roimh lón agus is mé a bhí sásta iad a fheiceáil. Agus P.S. seo é an freagra ar an jóc "cnag cnag" sin – "Breathnaíonn eilifintí ar an eilifís."

EACHTRAÍ GREG
AGUS ROWLEY

Tá mé cothrom le dáta anois le saol
Greg agus thaispeáin mé inniu dó an méid
atá scríofa agam go dtí seo. Shíl mé go
dtaitneodh sé leis ach bhí OLC air.

Dúirt Greg go raibh an leabhar seo in ainm
is a bheith a bheith FAOI FÉIN agus ní
FÚMSA. Mhínigh mé go raibh sé deacair
CLOÍ leis sin mar go ndéanann muid an
oiread rudaí LE CHÉILE.

Dúirt sé go mbeadh orm an stuif ar fad
fúmsa a bhaint as an leabhar. Dúirt mé
nach raibh ciall leis sin, mar nach mbeadh
fágtha ansin ach leathanach amháin.

Má thugann muid "EACHTRAÍ GREG AGUS ROWLEY" air, arsa mise, beathaisnéis na BEIRTE againn a bheadh ann.

Ó tharla go raibh go leor eachtraí scanrúla sa leabhar, d'fhéadfadh muid sraith a bhunú ar bheirt chairde a réitíonn mistéirí. Shaothródh muid go leor airgid agus bheadh clú agus cáil ar an mBEIRT againn.

Dúirt Greg gurbh é sin an rud ab áiféisí a chuala sé riamh.

Dúirt sé gur faoi FÉIN an leabhar seo agus go bhféadfadh sé m'ainmse a athrú go "Rupert" ann dá mba mhian leis ionas nach mbeadh AON PHINGIN ag dul domsa. Amadán a bheadh in Rupert, arsa Greg, agus bheadh prislíní leis i gcónaí.

Dúirt Greg ansin go raibh boladh aisteach
ar an leabhar ach nuair a chuir mé le mo
shrón é, bhuail sé mé san éadan leis.

Cén fáth a ndearna tú SIN? arsa mise.
Dúirt Greg gur dhíoltas a bhí ann ar an uair
a lig mé dó titim isteach sa lochán mór uisce.

Dúirt sé go raibh díoltas bainte amach
anois aige nuair ba lú a bhí súil agam leis
agus b'FHÍOR dó.

Ach bhí olc ormsa anois agus bhuail mé ar ais
é leis an leabhar.

Is cosúil nach raibh aon súil ag Greg leis SIN
mar sciorr sé agus thit sé siar i lochán mór
uisce.

Bhuel, tá mé thuas i mo sheomra anois agus tá súil agam go nglaofar Greg abhaile go luath mar tá sé déanach agus ní dheachaigh sé abhaile don dinnéar.

Tá mé buíoch ar bhealach gur tharla an méid sin inniu mar tá caibidil eile anois againn dár mbeathaisnéis. Tá mé cinnte go mbeidh muid mór le chéile arís amárach agus go mbeidh neart eachtraí eile againn.

Agus tá mé cinnte go mbeadh an-díol ar
leabhar faoinár gcuid eachtraí scanrúla.

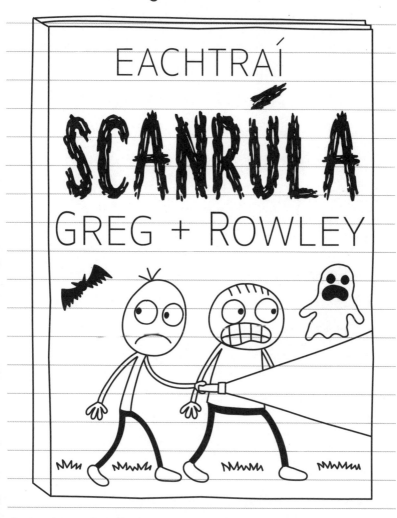

Ach déarfaidh mé seo libh, ar eagla na
heagla: ní mise an t-aon duine a d'fhliuch é
féin an chéad oíche sin i dteach Greg.

OK Ar Ais Anois chuig Mo Scéal Féin
Bhuel, más rud é nach bhfuil Greg sásta
lena bheathaisnéis is féidir liom an dialann
seo a úsáid arís le scríobh FÚM FÉIN.

Is mise anois príomhcharachtar oifigiúil
an leabhair seo arís. Agus as seo amach is
fúmsa agus mo Mhama agus mo Dhaid a
bheidh mé ag scríobh agus b'fhéidir Iníon
Beck má tá spás agam.

Ós ag caint ar mo Mhama agus mo Dhaid mé
tháinig siad chun cainte liom tar éis dom féin
agus do Greg a bheith ag troid le déanaí.

216

Bhuel, ní dóigh liom go bhfuil am agam cairde nua a dhéanamh mar go mbím chomh gafa sin le Greg.

Tá a fhios agam nach réitíonn muid le chéile i gcónaí ach mar a deir Bean Heffley, éiríonn idir cairde uaireanta.

Bhuel, éiríonn idir Greg agus mé féin GO MINIC ach déarfainn gur cruthúnas é sin go bhfuil muid inár

nDLÚTH CHAIRDE